JN438697

유리 인형

유리 인형

김용순 산문집

수필과비평사

■ 서문

사무실에 앉아 있는데 진동이 전해옵니다. 창 너머 5층 건물이 어느새 사라지고 콘크리트 잔해만 남았어요. 여기도 저렇게 해체되고 대신 초현대식 아파트가 들어서겠지요. 공사장 가림막 위로 언뜻언뜻 보이는 굴착기 버킷이 어서 나가달라고 채근하는 손짓 같습니다.

월급쟁이의 아내가 되어 가계에 보탬이 될까 해서 이웃집 아이를 가르치다가 학원 간판을 걸게 되었습니다. 동기야 그랬지만, 가르치는 것이 죄가 되기도 하는 사교육 현실에서 이순을 코앞에 둔 지금껏 버텨올 수 있었던 건 수입 때문만은 아니었습니다. 몇 푼어치 전달해 준 지식의 대가 치고는 너무 많은 것을 받았습니다. 일상의 불순하고 속된 것도 아이들의 웃음으로 지울 수 있었습니다. 가르치며 내세운 신념이나 철학 같은 것은 없었습니다. 그저 아이들 따라 웃고 울며 아픔까지 나누다 보니 할머니와 사는 어떤 아이는 나를 엄마라고 부르기도 하더군요.

매일 마주하던 아이들과 헤어지고 나면 허전하겠지요. 폐업할 날을 정해 놓고 나니 함께했던 아이들이 새삼 소중하게 다가옵니다. 듣지 못한 채 눈물로 한글을 익히던 아이와 하나를 가르치면 두셋을 익히던 '올백'의 주인공, 백 원만 달라던 고사리손과 고운 마음을 쪽지로 전하던 예쁜 손…, 이제 이 건물이 해체되면, 취업했다던 청년, 결혼한다던 예비신부, 아이 아빠가 된 젊은이들은 어디로 찾아올까요? 후회되는 일도 많건만 좋았던 일들만 자꾸 떠오릅니다. 그들도 나와 함께했던 시간이 즐겁고 보람 있었다고 기억해 주면 좋겠습니다.

건물은 사라지더라도 아이들과 함께한 시간은 간직하고 싶어서 아이들과 관련 있는 글들을 따로 모았습니다. 아이들이 등장하진 않지만, 사무실에서 아이들의 온기로 쓴 글도 몇 편 더했습니다.

내 안에 꽃으로 피었던 아이들을 위하여 기도하는 마음으로 출판사에 원고를 넘깁니다. 출간을 위해 애써 주시는 분들께 감사한 마음 전합니다.

2015년 12월 김용순 씀

■ 차례

1. 고결한 성역 사람들

2. 마음으로 보는 아이

3. 솔로몬의 지혜

4. 그리운 새살거림

01

고결한 성역 사람들

백설공주의 화장실

새 학기가 시작되는 학원의 3월은 어수선하다. 문짝을 바꾸면 문틀도 손대야 하듯이 새 사람을 맞아들이자면 교재도 사람에 맞추어 새로 준비해야 하고 교실 환경도 새로 들어올 사람들의 취향에 맞게 페인트칠을 해서 낯설지 않게 해야 한다.

새로 들어오는 어린이 중에서 누구보다도 신경이 쓰이는 건 유치원에서 학교로 옮긴 일학년들이다. 올해 입학한 영웅이는 그 중에서도 유별났다. 수업하다가 화장실에 간다고 나가서 우는 아이였다. 담임선생님이 문밖에서 지키고 있어도 무서워서 변이 안 나온다는 것이다. 그래서 꼭 집에서만 일을 치르겠다고 떼를 썼다. 할 수 없이 집으로 보내면 수업시간이 거의 끝날 때쯤 되어서야 돌아왔다. 하루 이틀에 고쳐질 버릇이 아니다 싶어 방법을 궁리하던 중인데 하루는 집으로 간다고 나간 아이가 밖에서 울고 있었다. 나가보니 아뿔싸, 바지를 입은 채 길거리에서 일을 보았는지 엉거주춤하고 서 있는 두 다리 사이로 김이 모락모락 피어올랐다. 저 자신도 암담했던지 지그시 눈을 감고 눈물방울만 떨어뜨리고 있었다.

아이의 버릇을 고치자면 원인부터 알아야 한다. 떡볶이를 사서 손에 쥐여 주고 물었다.

"딴 데선 안 돼요. 우리 집에서만 나와요."

입학하기 전에는 아침마다 볼일을 보았는데 학교 다니면서부터 바빠서 집에서도 변을 볼 수가 없다고 했다. 학교에서도 내내 참고 있다가 학원에 왔으니 그 고통이 오죽했을까. 그래서 참다못해 수업시간에 집으로 달려가는 것이었다.

원인을 알았으니 해결책은 간단하다. 무엇보다도 화장실이 깨끗하고 안정감이 드는 분위기여야 한다. 이제 겨우 솜털을 벗고 새로 깃털이 돋아나는 아이들. 그러나 부리는 역시 노란 병아리인지라 벗어버린 솜털에 맞게 보금자리를 마련해 주어야 한다. 그렇다면 어떻게 꾸며야 할까? 도무지 생각이 떠오르지 않았다. 유치원이나 아가방에서 근무하는 분들의 조언을 얻을까 하다가 한번 해보자고 출근길에 가게에 들러서 예쁜 그림동화를 사고 벽에 붙이는 향수를 준비했다. 유치원 아니면 아가방이라는 느낌이 들도록 하기 위해서였다.

화장실을 천장까지 깨끗이 청소하고 나서 아이의 앉은키에 맞추어 백설공주 그림동화를 보기 좋게 배치하여 벽에 붙이고 향수까지 뿌렸다. 이만하면 왕자님도 모실 만한 화장실로 바뀌었다. 그렇게 꾸며놓고 나니 녀석이 투덕투덕 계단을 올라오는 소리가 들렸다. 오늘은 꼭 이곳에서 일을 봐야 할 텐데…. 나는 아이를 맞으면서 제발 내 정성을 받아 달라고 마음속으로 애원했다.

녀석은 수업을 받다가 어김없이 얼굴을 일그러뜨려서 집에 갈 시각을 알렸다. 때가 온 것이다. 싫다는 아이를 꼬드겨서 겨우 화장실에 밀어넣고는 내가 변비로 신음하듯 초조한 마음으로 밖에서 기다렸다.

제발 성공해다오, 나는 빌고 또 빌었다. 얼마 동안 기척도 없다가 화장실 문이 벌컥 열리더니 녀석이 배시시 웃으며 나왔다.

"어때? 성공했어?"

"유치해요. 백설공주는 유치원 때 보는 거예요."

녀석은 묻는 말은 삼켜버리고 엉뚱한 소리를 해서 문밖에서 숨죽이며 기다리던 담임과 나에게 폭소를 터뜨리게 했다.

징검다리 사이의 간격이 넓으면 보폭이 작은 사람은 빠질 염려가 있다. 계단이 급경사인 경우 다리가 짧은 사람은 오르지 못한다. 지금은 아날로그가 아니고 디지털 시대다. 그렇다면 우리의 교육도 계단 없이 완만한 경사로 구불구불 올라가는 그런 것이어야 하지 않을까. 느리건 빠르건 제 길 제 힘에 맞게 오를 수 있는 학교, 우리의 생애도 그렇게 느슨하게 살 수 있다면 사는 맛이 더욱 진하게 느껴질 것 같다. 아무튼 선착순만 강요하는 교육, 그래서 낙오자가 있을 수밖에 없는 우리의 현실은 수정되어야 한다.

호곡장

학원에 와서 우는 아이가 있다. 잘 웃는 예쁜 아이인데 가끔 그런다.

아이가 처음 울던 날, 빈 강의실에 석고상처럼 앉아있는 모습에 적이 놀랐다. 늘 방실거리던 아이가 그러고 있으니 섬뜩하기까지 했다. 주검이 무서운 것은 아마도 정지된 표정 때문일 거라는 생각이 들었다.

놀라움을 진정하고 나자 걱정이 이어졌다. 어디 아프냐고 물으며 이마를 짚어보았다. 뜨거움은 느껴지지 않았다. 두 아이를 키운 경험으로 일단 안심해도 되겠다고 판단했다.

누구와 다투었느냐고 물었다. 여전히 마네킹이었다. 머리카락이 머리끈에서 빠져나와 얼굴을 가리고 있는 게 눈에 들어왔다. 요 어린것이 머리채까지 잡아가며 한바탕했단 말인가. 아쉬운 대로 손가락으로 훑어 올려 다시 묶어 주었다. 숙제 안 해왔느냐는 내 물음에는 고개를 옆으로 살짝 돌렸다가 다시 마네킹이 되었다.

걱정은 답답함을 거쳐 부아로 이어졌다. '도와주고 싶은데 이러면 어떡하느냐? 선생님이 묻는 말에 사실대로 공손하게 대답하는 거 모르느냐?'라고 다그쳤지만, 눈까풀만 한번 내렸다가 올릴 뿐이었다.

"책 펴세요!"

라는 내 말에 나무늘보처럼 책가방을 열기에

"빨리!"

하고 소리를 꽥 지르자 마치 그 소리를 기다리기나 했다는 듯이 흐느끼기 시작했다. 눈물 콧물에 땀으로 머리카락까지 젖도록 울음을 토해냈다.

1교시를 그렇게 울음으로 보내고 나더니 그제야 눈물을 닦고 책을 꺼내 숙제한 것을 내놓았다. 언제 울었느냐는 듯이 태연하게 수업까지 마치고 돌아갔다.

일과를 마치고 아이 엄마에게 사실을 알렸다. 예의를 갖추어

응대해 왔지만 불규칙한 호흡 소리로 보아 아이 엄마도 놀라는 눈치였다. 단단히 주위를 시키겠으니 선생님께서도 야단쳐 달라며 죄송하다고 했다.

며칠 후, 그날은 아예 울음보를 터뜨리고 온 것 같았다. 자리에 앉으며 어깨를 들썩였다. 아이 엄마 말대로 몇 마디 야단쳐 보았지만, 그럴수록 더 울었다. 그나마 다행인 것은 언제나 속으로 운다는 것이다. 눈물로 범벅되고 어깨를 들썩이면서도 울음소리는 크게 내지 않았다.

앞서 일로 면역이 생긴 나는 당황하지도 화도 내지도 않았다. 다만 조심스럽게 지켜보기만 했다. 한참 그렇게 울고 나더니 그날 분 학습량을 다 채우고 돌아갔다.

아이가 울지 않는 어느 날이었다. 마침 단둘이 있게 되었다. 기회다 싶어 선물 받은 커다란 초콜릿을 내밀었다. 함빡 웃는 아이에게

"선생님은 말이야, 아주 많이 궁금한 게 있어. 영지는 알고 있을 거야. 가르쳐 주면 참 좋겠다."

아이의 눈이 반짝 빛났다.

"나는 영지가 왜 가끔 우는지 알고 싶어."

"그냥요."

이번에는 내가 눈을 키웠다.

"울고 나면 스트레스가 풀려요."

가슴이 덜컹 내려앉았다. 요 어린것 어디에 그토록 커다란 응어리가 맺혀 있었단 말인가.

"스트레스는 왜 생기는 거야?"

"오빠가 때릴 때도 생기고요…."

박지원의 ≪열하일기≫에 보면 호곡장이라는 제목 아래 이런 내용이 나온다. 연암이 일행과 압록강을 지나 험산을 넘고 불어난 물을 건너며 여러 번 죽을 고비를 넘기기를 보름째, 마침내 요동벌판에 들어서게 된다. 드넓은 평원에 이르자 박지원 입에서 터져 나온 말은

"훌륭한 울음 터로구나, 크게 한번 통곡할 만하다!"

라는 외침이었다. 폭우로 불어난 시내를 건너며 물살에 휩쓸리기도 하고, 노숙으로 병에 걸려 토하고 싸다가 드디어 목적지에 당도했으니 덩실덩실 춤을 추어야 마땅할 텐데 통곡을 한단다.

그의 말을 옮긴 고미숙의 ≪로드클래식≫ 39쪽을 보면 희로애락의 지극한 경지에 이르면 소리가 터져 나오는데 그때의 소리가 곧 통곡이란다.

우리 학원이 아이에게 '열흘을 가도 산이 보이지 않은 드넓은

평원'이었을까. 아이의 가정환경을 살펴보았다. 아빠는 외지에 나가 있는 눈치였고, 엄마마저 야근이 잦아 아이들끼리 지내는 시간이 많았다. 위로 오빠만 셋이었다. 한창 재롱부릴 나이인데, 받아 줄 부모는 일터에 있고, 챙겨준답시고 이래라저래라 지시하는 오빠들의 간섭과 억압은 아이에게 스트레스였을 것이다. 오빠들 앞에서 울 수 있을까. 학원이 하늘과 땅이 맞붙은 요동벌판은 아닐지라도 응어리진 스트레스를 풀어 볼 만한 호곡장이라 여겼나 보다. 나는 아이가 처음 온 날 "편하게 공부하세요, 무엇이든 도와줄 테니."라고 했었다.

그 후로도 아이는 심심찮게 울었다. 울고 싶은 아이 뺨 때리듯 나는 또 우느냐고 소리를 질러댔다. 그럴 수밖에 없어 안타까웠지만, 그렇다고 그들만의 게임에 끼어들어 이러쿵저러쿵 간섭할 수도 없는 노릇이었다.

그래도 약속했으니 도와야 했다. 어떻게 하나 고민 끝에 더 열심히 가르치기로 했다. 칭찬도 자주 했다. 37쪽을 풀고 있는 아이에게 이제 겨우 17쪽이나 20쪽에서 쩔쩔매는 오빠들의 문제집을 슬쩍 보여주는 꼼수도 부렸다. 어쩌다 100점이라도 받으면 칭찬과 더불어 작대기가 좍좍 그어진 오빠들의 시험지를 몰래 보여 주기도 했다.

그러나 그것도 일시적인 임시방편일 뿐, 얼마 지나지 않아 이내 시무룩해지고, 그러다가 또 울음보를 터뜨리는 것이었다. 그러한 모습을 보는 나 또한 언제부터인지도 모르게 까닭 모를 울음이 터져 나올 것 같아 참아내기가 어렵게 되었다.

"그만 울어. 울음통 다 비우면 정작 울어야 할 때 어떻게 할 테냐?"

나도 모르게 축축이 젖은 고함이 교실 안에 울려 퍼졌다. 울음은 울음을 불러오는지 이쪽과 저쪽을 바라보던 아이들 또한 눈물이 글썽했다.

아이는 정말로 오빠들에게 괴로움을 당해서 울까? 아닐 것이다. 우리 인간은 누구에게나 울음 보퉁이를 안고 태어났을 것이다. 그래서 너무 기쁠 때도 울고, 반가울 때도 울지 않는가. 울음이 없는 인간은 너무 울어서 울음 보퉁이가 비어 있기 때문일 것이다.

오늘도 나는 그 아이와 함께 속으로 울면서 마음의 통로를 열어간다.

두 형제

봄볕이 다사로왔다. 실개천을 따라 거닐다 보니 건너편 바위 꼭대기 아래 칙칙한 가랑잎 사이로 파릇이 올라온 해쑥이 눈에 띄었다. 이끼 낀 바위가 미끄러웠지만 조심조심 올라가 쑥을 뜯었다. 그런데 내려오다가 그만 한 발이 미끄러져 균형을 잃고 말았다. 옆에 있는 나뭇등걸이라도 붙잡았더라면 넘어지지 않았을 테지만, 양손에 쑥을 쳐든 채 미끄럼까지 타고 말았다. 주머니에 있던 스마트폰은 망가지고 자동차 리모컨 열쇠는 튀어 나가 송사리 떼 고물거리는 웅덩이에 빠졌다.

그러나 쑥은 무사했다. 쑥버무리를 좋아하는 언니에게 싱그러운 해쑥을 내밀었다. 건강이 좋지 못해 입맛대로 먹지 못하고 음식의 성분을 따져야 하는 언니이다. 쑥은 건강에 도움이 된다고 했으니 그 쑥으로 좋아하는 쑥버무리를 쪄 마음껏 먹기를 바라는 마음에서였다.

터울진 언니는 어려서도 나를 챙겨주더니 그날도 쑥은 밀쳐놓고 젖은 내 몸을 닦아 주느라 부산을 떨었다. 언니의 따스한 손길이 닿자 내가 가르치는 두 형제의 온기가 느껴졌다.

학원은 어디나 그렇듯이 강사 하나가 여러 학년을 맡아서 자기 담당과목을 수업하게 마련이다. 수학을 담당한 나는 초등학교 1학년부터 3학년까지 맡았다. 내가 말하려는 두 형제는 1학년과 2학년이다. 1학년인 동생은 지각 한번 하는 일이 없다. 다른 아이들은 문구점에 들러 먹을 것도 사고, 친구들과 놀기도 하느라 제멋대로 들어오는데 그 아이는 옆길로 새는 법 없이 정해진 시각에 문을 연다. 그날도 그렇게 또박또박 발소리를 내더니 출입문 앞에서 머뭇거리는 눈치였다. 나가보니 한 손에 무거운 책가방과 보조가방을 든 채 실내화를 꺼내느라 끙끙거리고 있었다. 나머지 한 손에는 무언가 조심스레 들고 있었다. 별것 아닌 것 같은데 쳐든 모습으로 보아 그에게는 꽤 소중한 물건인 모양이었다.

그게 뭐냐고 묻자 빙그레 웃음부터 짓더니

"김서은 누나 거예요."

하고 쑥스러운 표정으로 대답했다. 사연이 궁금해서 말했는데, 상대는 물건의 주인을 밝히는 것이었다.

전날은 종이 반지 두 개를 들고 왔었다. 백금빛 종이테이프로 고리를 만들어 스카치테이프로 견고하게 붙이고 분홍빛 하트 모양을 가운데 배치한 커플링이었다.

수업을 마치고 돌아갈 채비를 하는데, 형이 왔다. 반색을 하며 반지를 집어 들더니

"형, 이거는 김서은 누나 꺼고 이거는 형 꺼야."

한다.

얼떨결에 반지를 받아든 형은, 옆에서 보고 있는 내게 무안했던지 다시 동생에게 반지를 건네며

"진우야, 이기는 네 여자 친구 꺼고 이거는 네 꺼야."

하고 동생을 따라했다. 그렇게 반지 두 개가 왔다갔다 하더니 결국 형의 손가락에 두 개가 끼워졌다.

그날은 커다란 꽃다발이었다. 어떻게 구했는지 푸른 그림이 있는 잡지를 오려 꽃가지를 접고 붉은 그림이 있는 면을 꼬깃꼬깃 접어 장미꽃을 만든 꽃묶음이었다.

아이는 그것을 책상 한편에 조심스럽게 올려놓더니 그제야 교재를 꺼내 놓았다. 잠시 후 형이 들어오자 벌떡 일어나서는 종이꽃다발을 두 손으로 받쳐 들었다.

"형, 이거 김서은 누나 갖다 줘!"

형은 어제와 달리 고맙다고 하면서 소중히 받아들었다.

나는 더는 참을 수 없어 끼어들었다.

"김서은이랑 사귀니?"

"아직 고백은 못 했어요."

그제야 궁금증이 풀렸다. 어리광까지 부리며 책가방을 떠맡기던 동생이지만, 애태우는 형을 보고는 어떻게든 돕고 싶어 이것저것 만들어 오는 것이었다.

형 또한 동생에 대한 마음씀씀이가 돈독하다. 하루는 동생이 방과 후 활동을 하느라 늦게 왔다. 그날따라 형은 감기에 걸려 기운이 없었다. 먼저 돌아가 쉬도록 배려해 주었건만 책상에 엎드려 동생을 기다렸다. 동생이 모르는 부분이 있어 질문하자 슬그머니 다가와 자신이 가르쳐 줘도 되냐고 했다. 교학상장이라고 했것다, 지켜보자니 언제 아팠냐는 듯 또렷한 발음으로 조곤조곤 반복 설명하는 모습이 나보다 오히려 나았다. 답답해서 목소리가 커질 만도 한데 한결같은 어조로 유사문제까지 만

들어 이해시켰다. 그렇게 수업을 마치자 가방까지 받아 앞뒤로 메고는 동생을 앞세우고 돌아갔다. 형은 부모님을 대신하여 간식을 챙겨 먹이고 또 숙제를 봐 주고 밤이나 되어야 공장에서 돌아올 부모님을 기다리며 무섭다는 동생을 달랠 것이다.

형제자매가 남보다 못한 사이로 지내는 어른들이 얼마나 많은가. 더 차지하기 위해 서로의 약점을 까발리며 법정다툼까지 벌이는 재벌 후손들의 기사는 읽는 것만으로도 안타깝다. 어떤 재벌가 형제는 소송을 제기하느라 법원인지대로만 무려 127억 원을 썼다던가.

그런 터에 옹색한 가정에서 자라는 이 아이들의 우애는 얼마나 돈독한가. 형이 좋아하는 여자친구를 위해서 반지며 꽃묶음을 마련해 주는 동생의 정성을 봐서라도 여자 어린이가 형의 고백을 받아주었을 것이라 짐작했다. 일 학년 동생이 만들어준 반지를 끼고 이 학년 형과 여자 어린이가 오순도순 노는 장면을 떠올리니 슬그머니 입꼬리가 올라갔다.

스승의 날에

스승의 날을 앞두고 내가 가르친 학생의 어머니로부터 식사 초대를 받았다. 사양할 수도 없고 해서 참으로 곤혹스러웠다. 내가 과연 스승으로서 대접 받을 자격이 있는가. 동기도 없는 학습자를 대상으로 진도표대로 목소리를 높이고 나면 보람보다는 공허함으로 하루를 접기 일쑤였다. 내일을 다짐해 보지만, 내일 또한 오늘의 연장이었고 특히 학생들에게 야단이라도 친 날은, 마지못해 연필을 잡던 아이들의 일그러진 얼굴이 떠올라 자괴감마저 들곤 한다. 그러한 나에게 식사 초대라니, 잔칫집에서 불청객으로 서성거리다가 한술 얻어먹는 심정이라고나 할까. 더구나 제자라는 사람이 대학교를

졸업했다니 십 년도 더 지난 터라, 기억도 가물가물하다. 한참 만에 떠올린 김재호. 또래 아이들과 어울릴 수도 없으리만큼 체구도 왜소하고 나약한 아이였다. 하루는 다른 반에서 수업을 하는데 그의 반 아이들이 호들갑을 떨며 뛰어 들어왔다.

"큰일 났어요! 김재호 쓰러졌어요!"

할딱거리며 왕방울 눈으로 쏟아놓는 외침을 정리해 보니, 그가 체육시간에 갑자기 쓰러져서 보건실로 업혀갔다는 것이었다. 어려서부터 건강이 좋지 않아서 약으로 길렀다고, 그의 어머니가 나한테 각별히 부탁한 말이 떠올랐다. 가슴이 철렁해서 나도 모르게 두 손을 모았다, 제발 아무 일도 없었다는 듯이 털고 일어나라고.

1교시가 거의 끝나갈 무렵이었다. 살그머니 문이 열리더니 빙긋이 웃으며 그가 들어오는 게 아닌가. 쓰러졌다는 학생이 버젓이, 그것도 웃으며 들어오니 얼마나 반가운지 눈물이 핑 돌았다. 빌미삼아 학원 수업쯤 빼먹을 수도 있는데 수업에 임하겠다는 태도가 대견하기도 했다.

5분여 일찍 끝내고 그에게 다가갔다. 괜찮냐는 내 물음에

"네. 괜찮습니다. 걱정하지 마세요. 선생님, 요기 한번 만져 보세요."

하며 내 손을 끌어서 자신의 머리를 만지게 했다. 손가락 끝으로 꽤 큰 흉터가 느껴졌다. 큰 수술도 이겨냈던 자신을 보여주어 나를 안심시키려는 의도였던 것 같다.

그때의 천진난만하던 미소가 떠올라 사양하던 마음을 거두고 약속 장소를 받아 적었다.

어머니를 모시고 나온 그는 어느덧 청년이 되어 있었다. 어제까지 자전거로 전국 일주를 했다며 스마트폰을 열어 백두대간 곳곳의 절경을 보여 주고는 보라는 듯이 건강을 과시했다. 신록을 배경으로 브이자 손을 든 그의 미소는 싱그럽기 그지없었다.

어머니께서 눈을 살짝 흘기시며

"밤새 앓고 나서는 만류도 뿌리치고 떠나서 얼마나 걱정했는지 알아?"

하는 핀잔에도 빙그레 웃기만 했다.

비오는 산길을 온몸으로 달리며 무슨 생각을 했을까. 자전거를 타다가 고환암에 걸렸던 미국 선수 렌스 암스트롱의 절망을 공감했던 것은 아닐까. 2년여 처절한 투병 끝에 다시 페달을 밟아 세계적으로 가장 정평있는 투르 드 프랑스 경기에서 7연패라는 기록을 세운 암스트롱의 희망이 절실했는지도 모른다.

"그래, 직장은 아직 못 구했는가?"

요즘처럼 취업 문이 좁은 때 어울리지 않는 질문을 한 것 같아 내 딴에는 뜨끔했는데 그는 의외에도 태연하게 대답했다.

"곧 부를 거예요. 특수교육학을 전공했는데, 저 같은 사람을 그냥 놀릴 리가 있겠어요. 선생님과 한 약속 지킬 거예요."

나하고 무슨 약속? 나는 한참 동안 더듬다가 간신히 그때의 기억을 건져올렸다. 수업을 마치고 집으로 가는 나를 떡볶이 집으로 끌었다. 학원 옆에 떡볶이 집이 있어서 퇴근시간이면 가끔 끌려가는 데였다. 아이는 시장했던지 숨도 안 쉬고 게걸스럽게 욱여넣는 것을 보다 못해 물을 따라주고 마시게 했다.

"와, 맛있다. 선생님이 사 주셔서 더 맛이 있어요."

매워서 색색거리며 하는 말이었다. 그러면서 자기도 선생님 같은 교육자가 되어서 제자들과 같이 떡볶이 집에도 가고 게임도 같이하고 그러겠다고 순신무구한 웃음을 보였다. 허약체질인 데다 체구도 왜소해서 또래 아이들과 잘 어울리지도 못하는 처지이고 보니 의지할 사람은 나밖에 없었던 것이다. 그래서 나 같은 선생님이 되겠다고 했던가 보다. 그리고 특수교육학을 전공한 것은 자기처럼 건강하게 자라지 못하는 아이들에게 버팀목이 되어 주기 위해서였을 테고.

요즘 청년들을 일러 삼포세대니 오포세대라느니 한다. 사회구조적 모순으로 취업은 물론 연애, 결혼, 출산, 내 집 마련 등 인간이 살아가는 데 기본이 되는 조건마저도 충족하기 어려운 현실을 대변하는 안타까운 대명사이다.

사귀는 사람 있느냐는 내 질문에, 당당하게 "없습니다. 1년 전에 헤어졌습니다."라고 대답했다. 연애는 물론 취업도 결혼도 남의 일일 수밖에 없는 요즘 청년 맞다. 그러나 그의 얼굴 어디에서도 포기하는 기색은 찾아볼 수 없었다. 오히려 주어진 환경을 탓하지 않고 기꺼이 최선을 다하는 의연함만이 역력했다.

"얘, 우리 그때처럼 떡볶이 먹자."

마침 떡볶이집이 눈에 띄어서 주저주저하는 그의 어머니까지 끌고 들어갔다. 떡볶이 맛은 최고였다.

앞으로 나는 혼자서라도 맛있는 떡볶이가 있는 그 집에 들어가려고 한다. 절망을 희망으로 바꾸는 그의 모습을 볼 수 있을 테고, 그가 그리는 스승으로 쇄신하기 위해서이다.

죄송혀유

나는 경영자로서 갖추어야 할 자질이 부족한 사람인가 보다. 결혼한 후 지금껏 같은 일을 해 왔으면서도 경영 규모는 변함없이 늘 그 타령이니 말이다. 그러다 보니 직원들에게 봉급을 줄 때는 늘 미안한 마음이 따른다. '수고하셨습니다.' 보다는 '얼마 안 되어 죄송합니다.'라고 말한 적이 더 많았을 것이다.

봉급 주는 일보다 더 어려운 일이 있다. 학생들로부터 수강료를 받아내는 일이다. 아이들에게 '돈 가져오라.'는 말이 도무지 입에서 나오질 않는다. 그래서 노란 봉투에 금액과 등록 날짜를 써서 나누어 준다. 선물이라며 너스레를 떨어보기도 하지만 곤혹스럽긴 마찬가지이다. 그러한 내 심정을 알아차려서인지 대부분의 아이들은 제때에 등록해 주고 어쩌다 '노란 봉투'를 미처 못 준 아이들까지도 스스로 날짜를 맞추어서 내니 얼마나 다행스러운가.

그런데 예외가 더러 있다. 어느 날 장부를 정리하다 보니 한 아이의 칸이 공란으로 되어 있었다. 등록하지 않은 것이다. '다음 달에 두 배로 받으면 목돈 되어서 좋지.' 하고 대수롭지 않게 생각했다. 금방 또 등록일이 돌아와 두 배로 쓴 금액이 보이지 않게 봉투를 반으로 접어 아이에게 들려 보냈다.

그러기를 반복하다 보니 어느새 여섯 달이나 밀렸다. 이제 오지 말라고 해야 하나. 보내지 말라고 해야 하나.

공부하는 아이에게 책을 덮으라는 말은 차마 할 수가 없었다. 그래서 아이의 아버지에게 편지를 보내기로 했다. 내키지 않았지만, 투덕투덕 몇 자 친 후, 죄송하다는 말로 마무리하여 풀로 단단히 봉한 다음 아이에게 들려 보냈다.

나는 그 아이의 수학과목을 담당하고 있다. 공란이 일곱 개를 향하던 어느 날, 발표를 시키려고 아이와 눈을 맞추는데 문득 그 얼굴에, 공란 여섯 칸이 겹쳐 보이는 것이 아닌가. 얼른 고개를 흔들어 잔영을 지워버렸다. 그래도 자괴지심으로 그 아이와 눈을 맞출 수 없어 결국 발표를 시키지 못하고 눈길을 돌려야 했다. 그 일을 계기로 해서 어떻게든 마무리해야겠다고 또 다짐했다.

이별을 마음먹으니 처음 만남이 떠올랐다. 아이는 지각을 자주 하고 아예 빠지는 날도 있었다. 집으로 전화를 하면 송신음만 공허하게 되돌아올 뿐 받는 이가 없었다. 어쩌다 겨우 통화가 되면 아버지는 '죄송혀유.'로 할말을 대신했다. 무엇이 왜 죄송한지 구체적으로 말하지는 않았지만, 나 말고도 누군가에게 죄송해야 하는 처지에 있다는 것은 짐작했다.

아이 또한 죄송하다는 아버지의 처지를 알아차렸을 것 같아 측은하게 여겨졌다. 그 아픔을 칭찬으로 감싸 주면 위무가 되련만 아이는 칭찬해 줄 거리가 없었다. 수업태도도 그렇고, 성적도 시원찮은 아이였다. 그래서 이름이 참 좋다며 엉터리 이름풀이를 해 주기도 하고, 머릿결이 곱다고 쓰다듬어 주기도 했다. 그런 관심이 사랑으로 전해졌는지 아이는 조금씩 달라지기 시작했다. 요즘은 늦거나 빠지는 일이 없을뿐더러 발표도 한다.

그런 아이에게 무슨 말을 어떻게 하나. 아버지의 휴대폰 번호를 눌렀다. 그러나 대답은 "고객의 사정으로 당분간 수신이….”라는 차가운 안내음뿐이었다. 몇 번의 시도 끝에 겨우 집 전화가 연결되었다. 입이 떨어지지 않아 “며칠 전 편지에 썼듯이….”라고 운을 떼었지만, 편지는 받지 못한 눈치였다. 녀석이 편지 봉투를 연 것인가. 밀린 수강료가 얼마라는 말도, 더 이상 ‘외상공부’를 시킬 수 없다는 말도 목에서 걸리고 말았다. 그래서 공연히 이런저런 덕담만 늘어놓았고 한참 후 그가 하는 말은 이번에도 역시 “죄송혀유.” 그뿐이었다.

다음 날, 아이가 헐레벌떡 계단을 뛰어 올라왔다. 심장이 벌렁거렸다. 애써 외면하는 나를 아이가 큰 소리로 불러 세웠다.

“배고파 죽겠어요! 떡볶이 하나만 사 주세요!”

‘죄송혀유.’라는 신음과 함께 연쇄반응으로 쓰러지는 도미노 조각을 발딱 일으켜 세우는, 한 점 티도 없이 맑고 밝기만 한 그 소리 조각. 지갑에서 500원짜리 동전을 꺼내 아이의 손에 쥐여 주며 목에 걸려있던 “죄송혀유.”라는 말을 꿀꺽 삼켜버렸다. 그러거나 말거나 아이는 분식집을 향해 쏜살같이 되짚어 나가고, 나는 내팽개쳐진 그 아이의 책가방과 소지품들을 제일 앞자리에 가지런히 정리 정돈해 주었다.

고결한 성역 사람들

어린이라면 다 사랑스럽지만 유독 눈에 띄는 아이가 있다. 진기와 재인이가 그렇다. 아이들을 지도하는 사람으로서 편애는 금물이지만 나 자신도 모르게 마음이 끌리는 것을 어쩌랴.

진기는 떡 벌어진 어깨하며 외모부터가 호탕한 쾌남아다. 외모만큼이나 마음씨 또한 어른보다도 너그럽다. 아이들이 말다툼을 하거나 티격태격 병아리싸움을 하면 그 사이에 뛰어들어서

"하하, 둘 다 만세!"

하고 두 사람의 손을 번쩍 들어주는 데에는 풀리지 않을 응어리가 어디 있겠는가. 헌헌장부의 호탕한 웃음소리에는 너요 나

요 하면서 시시비비 가리고 물고 뜯는 졸장부 어른들도 품어 안을 만한 도량이 엿보였다. 논술시간에 이리저리 뒤슬러가며 생각해서 써 내는 글을 보면 지도하는 나로서도 경탄을 금할 수 없다.

또 하나 재인이는 언제나 머금고 있는 미소가 모든 사람에게 호감을 살 만한 아이다. 그런데다 차림새 또한 단정하고 산뜻하다. 옷가게를 연 저의 엄마가 골라 입혀서일 것이다. 그러한 아이가 마음 씀씀이 또한 고와서 말다툼 한번 하는 일 없고 얼굴 한번 붉히는 일이 없다. 상대 쪽에서 뭐라고 따지고 대들면 그냥 웃어넘길 뿐이다. 말수가 적은 데다 책을 많이 읽어서인지 도량이 엿보인다. 토의학습을 할 때면 웃는 얼굴로 남의 이야기를 듣고 있다가 제가 발표할 차례가 되면 이제까지 앞사람이 발표한 내용을 요약정리하고 나서 독자적인 제 의견을 내놓는다. 그래서 재인이의 발표 내용이 결론으로 매듭짓는 경우가 허다하다.

진기하고 재인이 두 아이를 내놓고 인기투표를 한다면 어느 쪽의 표가 많을까? 나는 가끔 그런 생각을 해 본다. 진기 쪽이 호탕하고 동적이라면 재인이는 정적이고 지적이면서도 감미로운 미감을 안겨준다고 할까. 두 아이는 성적도 비슷비슷하다.

따르는 아이들의 수로 보아도 둘 사이는 백중지간伯中之間이다. 그러면서도 경쟁의식 없이 다정하게 어울린다. 나 또한 두 아이 사이의 우정에 금이 갈까 봐서 수업시간에 발표를 시키거나 질문을 할 때도 공평하게 하려고 무척 애를 쓴다.

그러한 두 아이가 똑같이 어린이회장 선거에 출마하게 되었다. 선거판이란 상대방을 깎아내리고 헐뜯는 싸움판이기 마련인데, 사이좋은 두 아이가 혹시 틈이라도 벌어지면 어쩌나 하고 걱정이 되었다. 하지만 그것은 어른들의 세계에서나 보는 기우였다.

소견 발표를 며칠 앞두고 진기는 나에게 연설문을 써서 보아 달라고 했다. 의당 보아 줘야 옳다. 그런데 문제는 선생님이 진기만 보아 준다는 말을 들을까 싶어 걱정이었다.

"재인이도 써 가지고 올 텐데 같이 보면 어떨까? 두 사람이 쓴 내용이 비슷하거나 같으면 안 되니까 비교해 가면서 보는 게 좋을 텐데."

내 딴에는 편견이나 편애라는 누명을 벗기 위해서였다. 그런데 진기의 입에서 나오는 말이 나를 어리둥절하게 했다.

"그 애 것은 글짓기 잘하는 진아더러 써 주라고 했어요."

"왜, 네 건 써 달라지 않고 재인이 것을 써 주라고 했니?"

진아가 진기의 여자친구라는 것은 누구나 아는 사실이었다. 그런데도 말이 그렇게 나오니 혹시 진아와 진기 사이가 벌어진 건 아닐까 해서 물어본 말이다. 그런데 그다음에 나오는 진기의 말이 더욱 의아스러웠다.

"그래야 사나이답지 않아요?"

하면서 뒤통수를 긁적거리는 진기, 라이벌인데도 그렇게 서로를 밀어주고 끌어주면서 우정에 금이 가지 않게 하려는 두 아이의 이야기를 어른들은 과연 믿어 줄까? 나 또한 그 세계를 거쳐 왔을 테지만 도무지 기억이 나지 않는다.

연설문만이 아니고 두 후보 진영의 아이들은 편을 가르지 않고 함께 어울려서 벽보며 어깨띠를 만들고 있었다. 이 또한 어른들은 상상도 못 할 풍속도였다.

선거 날이 되었다. 둘 중에서 하나는 떨어지게 마련이다. 그렇게 되면 두 아이의 우정이 어떻게 될까? 둘 다 당선시킬 수는 없을까? 나는 낙선될 아이가 걱정되는 한편, 두 아이가 투표소 안에 들어가서 누구를 찍었을까 하는 호기심도 일었다.

두 아이는 근소한 득표 차로 진기는 회장, 재인이는 부회장이 되었다고 보고했다.

"너희 다 자기 찍었지?"

궁금하던 차에 나는 장난 비슷하게 물었다.

"에이, 쩨쩨하게 어떻게 자기를 찍어요."

하는 건 재인이었고

"우리는 시시하게 그런 짓 안 해요."

하는 건 진기였다. 우리는 그렇게 시시한 어른들 흉내는 내지 않는다는 말이다. '우리는'이라고 차별을 두는 그 말에는 자신들이 고결한 품성을 지닌 어린이라는 자부심이 담겨 있는 듯했다.

내가 서 있는 여기 성 밖에는 지금 상대방에게 흠집을 내면서 나만이 할 수 있다고, 그동안에 비장하고 있던 정책을 핏빛 도는 함성으로 쏟아내며 지지를 호소하고 있다. 여기 이 사람들도 예전에는 저 성역 사람들처럼 '우리는'이라는 구호를 외쳤을 텐데 다시 그 안으로 돌아갈 수는 없을까? 그리고 득표에 따라 회장 부회장 이런 식으로 직책을 정하고 그런 조직에서 그 동안에 비장해 온 정책을 펼친다면 우리는 세계 어느 나라보다도 큰 나라가 될 텐데….

오늘은 어린이회의가 있는 날이다. 나란히 비어 있는 책상과 의자가 더없이 정겨워 보인다.

거꾸로 묻힌 씨감자

이달분 교재를 다 떼었다. 학생들이 수업에 충실했는지, 더 보충해 줄 것은 없는지 파악하기 위해서 월말고사를 치르기로 했다. 시험지를 넉 장씩 나눠 주며 다 풀면 마친다고 했다. 여느 날보다 학습량이 적으니 신이 난 아이들은 시험지를 받자마자 풀어나갔다. 어서 풀고 남은 시간에 놀려는 마음에서이리라.

그런데 사각사각 답 쓰는 소리 속에 이음이 끼어들었다. 구석 자리에 앉은 한 녀석이 수상했다. 다가가 보니 졸라맨이라는 애니메이션 캐릭터가 큰 칼을 휘두르며 싸움하는 장면을 시험지 가득 그리고 있었다. 다른 학생들이 방해받지 않도록 작은 소리로, 지우고 어서 풀라고 했다. 움찔 놀란 아이는 "니에." 하고 마뜩잖은 표정으로 아주 느리게 지우개를 찾았다.

다른 아이들이 넉 장을 다 풀어 제출할 때까지 녀석은 첫 장을 펼쳐놓고 뭉그적거리고 있었다. 결국, 혼자 남게 되었다. 어서 풀자는 내 채근에 "멀라요!"라며 얼굴을 돌리는데, 언뜻 보니 눈가가 촉촉했다. 까만 눈이 지난 주말에 본 감자 싹을 떠올리게 했다.

고향에서 동생네 농사일을 거들 때였다. 한 골씩 맡아 감자에 북을 주어나갔다. 오랜만에 하는 농사일이라 다른 사람에 뒤처질 수밖에 없었다. 밭 가 숲 속에서는 발정기 맞은 장끼들이 꿩꿩 울어댔다. 저만치 앞서 나가던 장난기 많은 제부가, 내 몸이 무거워서 제일 늦다고 핀잔을 주었다. 손에 쥐고 있던 잡초 던지는 시늉을 하자

"크다는데요? 자꾸 '커 커' 하잖아요!"

라며 웃음기 가득한 눈으로, 내 뒤를 날아가는 장끼를 가리켰다. 듣고 보니 그렇게 우는 듯도 했다.

한차례 웃고 나니 새 힘이 생겨 속도를 올렸다. 흙을 푹 퍼서 한 번에 두 포기씩 덮어주고, 감자 싹이 올라오지 못한 빈 구덩

이에는 더 많은 흙을 떠 얹어 잡초를 묻어버렸다.

밭고랑 끝에 가서 보니 농장 주인이 북을 준 모습은 좀 달랐다. 주인은 빈 구덩이에도 북을 준 모양이었다. 가까이 가서 보니 그곳에도 조그맣게 자주감자 싹이 올라오고 있었다.

다른 감자는 이파리가 늘어지도록 자랐는데 그제야 싹이 돋는 게 의아해서 물었더니 애초에 씨감자가 거꾸로 묻혀서 그렇단다. 씨눈이 위로 향해야 하는데 아래로 묻혔으니 움터 내려갔다가 다시 올라오자면 더딜 수밖에 없었을 것이다. 내가 파묻은 구덩이를 찾아가 흙을 헤쳐 보았다. 과연 깊은 곳에서 손톱만 한 자주감자 싹이 빤히 올려다보고 있었다.

놀기도 싫고 백 점에도 관심 없는 아이, 시험이고 뭐고 다 틀린 것 같아 모른다는 것이나 설명해 주려고 옆자리로 옮겨 앉았다. 그러나 힌트를 줘도 "멀라요.", 심지어 답을 가르쳐 줘도 "멀라요."라며 눈길을 피했다.

무엇이 아이를 혼란스럽게 했는지 나 또한 모를 수밖에 없었다. 다만 낙서의 내용으로 보아 거꾸로 묻힌 씨감자 처지라는 것만은 짐작할 수 있었다.

야단쳐서 억지로라도 공부를 시킬 수도 있었다. 그러나 시험지 넉 장을 들이밀어 싹도 올라오지 않은 곳에, 북을 주느니 차라리 기다리기로 했다. 씨감자가 제 스스로 깨달아서 밑으로 뻗어가던 제 몸을 틀어 땅위로 오르기를 기다리는 수밖에.

시험지를 밀쳐놓고, "오늘 하루 어땠어?"라고 물었다. 잠깐 눈을 맞추는데 촉촉한 물기가 또 비쳤다.

사물함 서랍을 열어보니 간식으로 먹으려던 비스킷이 있었다.

"배고프지? 이거 먹고 오늘 수업은 마치자. 시험지는 집에 가져가서 하고 싶을 때, 하고 싶은 만큼만 해 와."

"네."

모른다는 말만 하더니 "네."라는 대답이 선뜻 나왔다.

거꾸로 묻힌 씨감자는 움터 내려갔다가 다시 올라와야 하니 다른 것보다 늦게 자랄 수밖에 없다. 하지만 때가 되면 저도 나름대로 다른 감자처럼 씨알을 키울 것이다. 알맞게 비 오고 햇빛 나 준다면 덩이줄기 식물인 감자는 곧바로 줄기를 올린 감자보다 더 긴 땅속줄기에서 더 많은 녹말을 저장하게 될지도 모른다. 그러기를 기다리는 것이 세상사이고, 우리네 삶이 아니던가.

고독한 불신

가은이가 나에게 맡겨진 것은 새 학기가 시작되는 3월이었다. 가은이 엄마는 몇 시까지 학원에 맡길 수 있는지 그것부터 물었다. 보통은 성적을 얼마나 올릴 수 있느냐고 묻는다. 사연을 물으니 부모가 둘 다 직장에서 밤늦게 돌아오기 때문이란다. 그래서 방과 후부터 부모가 귀가할 때까지 아이를 맡길 데를 찾자는 속셈이었다.

아이는 수업이 끝나면 휴게실에서 텔레비전을 보거나 숙제를 하다가 돌아가곤 했다. 어떤 날은 우리보다 먼저 와서 문 열어 달라고 전화를 하는가 하면 집에 갔다가 늦은 시각에 다시 오곤 했다. 왜 또 왔느냐고 물으면 갈 곳이 없다고 했다.

엄마는 출근할 때마다 아이에게 일렀을 것이다. 학원 문 닫을 때까지 있어라, 집에 혼자 있을 때는 문을 걸어 잠그고 누가 와도 열어주지 말라고. 엄마의 당부는 아이에게 이 세상 사람 모두가 흉악범이라는 뜻으로 받아들여졌을 것이다.

옛날, 구중궁궐에 갇혀 사는 군왕은 잠자리가 언제나 불안했을 것이다. 주위 사람들 모두가 적이었을 테니까. 음식에도 독약을 넣었을까 봐 환관들이 먼저 시식한 후에야 먹었다. 여럿이 나눠 가질 권세가 아니니 외로울 수밖에 없다. 그런 군왕 중에서도 위나라 조조는 유별나게 남을 의심했다. 그의 잠자리에는 그 누구도 감히 접근할 수 없었다. 노이로제가 극에 달했을 때는 시종조차 믿지 못해서 살해했다. 말년에는 뇌에 종양이 생겨서 죽음에 이르렀다. 신하들이 화타라는 명의를 불러서 병세를 보이자 그는 임금에게 거침없이 말했다.

"뇌에 바람이 들어가서 그렇습니다. 그 바람을 빼자면 두개골을 부수고 뇌피腦皮를 찢어야 합니다. 고통을 없애기 위해서 먼저 약으로 주무시게 한 뒤에 손을 쓰겠습니다."

화타의 말을 듣고 있던 조조는 눈을 부릅뜨고 그를 투옥해서 옥사시켰다. 천하의 명의 화타는 조조를 믿고 한 말이었지만 조조는 그가 암살 청부를 받은 자라고 의심해서 그리되고 말았다.

우리 사회가 아이에게 그러한 군왕 자리를 준 것인가. 아이의 불안감에서 빚어진 발작이 일어났다. 옆 강의실에서 '사이 좋은 이웃'에 대해 학습지도를 하던 선생님이 아이와 맞고함을 질렀다. 자신을 도와준 이웃을 쓰라고 했더니 그런 사람 없다고 거절하면서 연필로 책상을 찍었단다. 가은이에게는 이웃이 '사이 좋은'이 아니라 '무서운'이라는 수식어를 앞에 내놓아야 하는 두려운 대상이었다. 아이는 얼굴이 벌겋게 달아오르더니 치밀어 오르는 울화를 울음으로 쏟아냈다. 제 속에서 달아오른 열은 저 스스로 달래게 맡겨둬야 한다. 어설프게 어르고 달래면 불길은 더욱 기승을 부린다. 책가방을 들고 뛰쳐나가는 아이를 그냥 두고 사무실로 돌아와서 문틈으로 엿보니 아이는 예상대로 집에 돌아가지는 못하고 계단에 쭈그리고 앉아서 훌쩍거렸다. 그런 아이를 내 방으로 데리고 왔다.

"선생님도 너를 도와주는데 이웃이 아닐까?"

아이는 연필을 입에 물고 물끄러미 내 얼굴을 바라보았다.

"아까 정우가 너에게 지우개 빌려주었지? 그런 친구들 생각해서 써봐."

몇 겹으로 싸고 있는 방어벽을 뚫어보았건만 답란은 여전히 공백으로 남아 있었다. 미덥지 않다는 것이리라.

가은이는 오늘도 빈 강의실 한구석에 앉아서 먼산바라기를 하고 있다. 모두가 무서운 사람이고 적이라고 하니 이 세상 밖 어디에 아늑한 도피처가 없을까 하고 찾는 듯하다.

땡

말마디깨나 하는 놈은 가막소로 가고요,
힘깨나 쓰는 놈은 탄광으로 간다네.
물 좋고 산 좋은 데는 일본 놈이 살고요,
인물깨나 생긴 년은 갈보로 팔려 가네.

서슬 퍼런 일제강점기에 몰래 부르던 아리랑 노래란다. 첫 대목에서 '말마디깨나 하는 놈'이 갈 곳은 '가막소'라고 못박았다. 일본은 왜 '말깨나 하는' 사람을 가막소에 가두어야만 했을까. 형체도 없지만 말의 위력을 충분히 유추할 수 있는 부분이다.

이제 시대가 바뀌어 말만 잘하면 천 냥 빚을 갚고도 남아 돈 방석에 올라앉는 세상이 되었다. 법복도 금배지도 제쳐놓고 텔레비전 화면에서 시청자의 아픈 곳을 어루만지고 웃음을 주는 방송인들을 보노라면 또 한 번 그 위력을 실감하게 된다.

그런데 나는 말을 잘 못 하여 스스로 '가막소'에 갇힌 적이 있다.

그날, 녀석의 등장은 좋았다.

"마하바냐바라바라바라…."

알 수 없는 음절들을 한참이나 늘어놓더니 볼살을 목탁처럼 둥글게 부풀려 한 손으로 두드렸다. 마치 절이라도 할 양으로 내림 목탁 소리를 냈다. 그럴싸했다. 한 번 더 볼살을 당기더니 시작을 알리는 송주 목탁 소리까지 냈다. 볼이 벌겋도록 두드리는 모습이 우스꽝스럽고 한편 귀여웠다.

한바탕 웃고 나서 녀석의 신호대로 수업이 시작되었다. 그러나 책은 펼 생각조차 하지 않는 녀석에게 무언의 눈길을 보냈더니 예의 딴지로 답해 왔다.

"선생님, '반야심경'이 무슨 뜻인지 아세요?"

"그런 거 시험에 안 난다, 책 펴라!"

평소처럼 전날 배운 내용으로 5분 테스트를 시작했다. 녀석은 좀 전의 혈기왕성한 모습과는 어울리지 않게 모깃소리로 우물거렸다.

"큰 소리로!"

"ㄴ…ㅇ…."

"땡!"

하나라도 더 가르치려는 조급함에 그랬다. 그러나 그것으로 녀석의 그날 수업도 '땡'이 되고 말았다. 틀렸다는 내 "땡"에 "왜요?"라며 떼를 쓰는 것이었다. 주의를 환기시켰지만, 오히려 분노의 불길에 가연성 물질로 더해졌다. 일그러진 얼굴로 노려보더니 쥐고 있던 연필을 단숨에 부러뜨렸다. 이어 칠판을 향해 부러진 연필을 내팽개쳤다. 날아가는 연필을 가까스로 피한 옆자리 친구에게서 볼멘소리가 터졌다. 그러자 불길이 그리로 방향을 틀었다.

공부하기 싫으면 가라고 했다. 그 말을 기다리기나 한 듯이 책가방도 제대로 챙기지 못한 채 급히 강의실을 나가버렸다. 남은 아이들에게 시간을 지체한 것에 대해 사과하고 녀석의 행위에 대해 이해를 구했다.

한참 후 아이들이 문제 푸는 틈을 타서 살며시 나가보았다. 집에 가 봐야 부모님께 야단이나 맞을 것이 뻔하니 보나마나 빈 강의실이나 계단 어디쯤에 쭈그리고 있을 것으로 생각했다. 그때쯤이면 불길도 사그라져 손을 잡아끌면 못 이기는 척 따라 들어오리라.

그런데 없었다. 걱정되었다. 공부를 시켜야 하는 내 의무를 다하지 못한 자책까지 더해져 마음이 편치 않았다.

어렵사리 일과를 마쳤지만, 녀석은 머릿속에 그대로 남아 있었다. 이렇게 실랑이를 하느니 차라리 아예 오지 말라고 해야 하나. 그러나 곧 고개를 저었다. 한 달에 한 번씩 빳빳한 봉투에 예쁜 글씨로 감사 인사까지 적어 보내오는 수강료 때문만은 아니었다. 기복이 심한 성격 탓에 친구들과 잘 어울리지 못하고 장난감을 들고 다니며 혼자 노는 아이, 반복하고 반복하여 가르쳐도 가끔 안 배웠다고 시치미를 떼는 아이를 차마 모른 체할 수 없었다.

하루는 틀린 답이 더 많은 시험지들 앞에 놓고 오답풀이를 해 주며 속이 상해 뭐라 몇 마디 했더니

"그래두 두 과목 합치면 백 점도 넘는데 왜 그러세요!"

라는 바람에 할말을 잃고 웃고 만 적도 있다.

나 같은 사교육 종사자는 그런 아이를 위해 존재해야 한다고 생각했기 때문이다. 한 분야에 능력이 뛰어나 특별지도가 필요

한 경우도 있지만, 이 아이처럼 학습능력이 부족할 때는 보충 학습이 필요하다.

학원의 생리가 일등을 목표로 할 수밖에 없는 현실이나, 교육은 한 줄로 세우는 서열 교육이 아니라 누구나 목표한 수준에 도달하는 평등 교육이 참교육이라 생각해 왔다. 그런 점에서 상대평가를 하지 않는 핀란드의 교육철학에 관심이 많다. 국제학업성취도 비교평가에서 그 나라가 단골 1위를 차지하는 것을 보면서 내 생각이 옳다는 믿음을 굳혔다. 결코 우리나라 현실이 그렇지 못할지라도, 내가 핀란드 교사들처럼 훌륭한 자질을 갖추지는 못했을지라도 그런 교육을 하고 싶었다. 이 아이를 붙잡고 있는 것이 다른 아이들에게 일정 부분 방해가 될지도 모른다. 그럴지라도 나는 이 아이를 포기해서는 안 된다고 생각했다.

그러나 가치 있다고 믿는 일이 항상 보람을 안겨 주는 것만은 아니다. 한바탕 난리를 치르고 나니 힘이 쭉 빠졌다. 나는 뭔가. 과연 이게 참된 삶일까. 하루 일과가 개운치 않아서 퇴근 시간인데도 창가에 서서 허공만 바라보았다.

돌이켜 생각하니 '땡'이라는 말, 사건의 실마리는 그것이었다. 탈무드에서는 한 장사꾼의 입을 빌려 "인생을 참되게 사는 비결이란 자기 혀를 조심해서 사용하는 것이다."라고 했다. 그동안 공부하지 않으려는 아이들과 시켜야 하는 내가 실랑이를 거듭하면서 나도 모르게 말투가 거칠어졌다. 자신 없어 우물거리는 아이에게 '땡!' 하지 말고 격려의 따스한 말로 좀 기다려 주었으면 어땠을까. 아이의 입장을 배려하지 못한 내 혀로 인해 그 아이가 상처를 입었을 것이다. 마음속으로 아무리 위하면 뭐하나. 혀는 몸을 찍어 내리는 도끼라고도 하는데, 평소에 '빨리하세요!' '틀렸어요!' '땡!' 이라고 다그친 말이 학습능력이 부족한 그 아이에게 도끼로 다가갔을지도 모른다. 생각이 거기까지 이르자 몸이 쪼그라드는 자책을 느꼈다. 미안하고 부끄러웠다.

그 일이 있었던 후부터 '땡!'이라는 말은 하지 않는다. 습관이 무서운지라 부지불식간에 그 말이 튀어나와 또 '가막소'에 갇히게 될까 봐 조심한다. 모든 화는 입으로부터 나간다는 말을 마개 삼아 입을 반쯤 막았다. 그러다 보니 아이도 산만할 뿐이지 지능이 떨어지는 것은 아니기에 진도에 맞춰 잘 따라가고 있다.

하트폰

앙증스런 이파리에 빗방울이 구른다. 지난 5월 문화교실에서 생일 선물로 받아온 하트폰이다.

도움 주는 것도 별로 없는데 선물까지 받고 보니 염치가 없었다. 배려해준 사람들의 마음이 한동안 건너와서 가슴을 가득 채웠다. 꽃은 피지 않아도 좋았다. 하트 모양의 잎 모양만으로도 그 마음을 알 수 있지 않은가.

하트폰, 원명이 무엇인지는 모르지만 사랑을 전하는 전화라는 꽃말인 듯하다. 나만의 억견인 듯해서 인터넷 전자사전을 뒤적거려 보았지만 나오지 않았다. 굳이 꽃말을 밝혀야 할까? 우리가 끌어다 붙인 꽃말 아니래도 줄기마다 피어난 심장 모양의 잎으로 전하는 메시지가 있는데…….

고온다습한 고향을 떠나 기온차도 심하고 건조한 이곳에 와서 근근이 연명하다가 소나기를 맞더니 윤기가 돈다. 새로 돋은 몇 잎에는 솜털이 보송보송하다. 눈에 들어오는 촉감이 돌쟁이 살피듬이다. 고란초와 비슷한 생김새로 보아 양치식물임에 틀림이 없다. 그렇다면 수억 년 전부터 이어온 생명체일 게다. 당시 번성했던 그의 조상은 수십 길 지하에 묻혀 있다가 까맣게 석탄으로 변했고, 변신한 석탄은 무한에 가까운 시간의 벽을 넘어와 우리하고 만난다. 지각 변동이 생기고 화산재가 쓸어 덮는 그 수난의 밀도 속에서 어떻게 종족 보존을 해 왔을까? 석탄기의 그 종족은 두꺼운 시공을 뚫고 지금 내 앞에 와 있다. 추위를 견디지 못하는 터라 어쩌면 제 조상의 유해를 태우는 온실에서 지난겨울을 지냈는지도 모른다.

만남이라는 게 이렇다. 수만 가닥의 여로가 얽히고설기면서 무심히 스치고 더러는 얼마 동안 평행선으로 가다가 갈라서서 까마득히 잊는다. 하지만 그것이 어디 직선이던가. 쓰리고 시리고 아린 험산을 굽이굽이 휘어가고 에둘러 가다가 어느 후미진 골짜기에서 우연히 만나는 게 우리의 살아가는 길이다. 닿을 길 없는 죽음의 강을 건넌 사람도 회상의 의자에 앉아 있다

보면 바람에 그 목소리가 묻어오고 엉뚱하게 하늘빛으로 그 마음이 전해오지 않던가.

질서와 조화는 그것을 위한 요소들의 참여로 이루어지는 구조다. 하트폰 잎은 질서정연하다. 돋아나는 잎은 다른 잎을 덮거나 가로지르는 일이 없다.

그런데 올라서지도 처지지도 않고 가지런하던 이들 사회에 이변이 생겼다. 줄기 하나가 물색없이 다른 잎들보다 두세 배나 되게 키를 키우더니 몸을 사리고 있는 잎들의 눈치도 살필 것 없이 푸짐하게 잎을 펼쳐 해를 가렸다. 조화와 질서를 깨고 직선으로만 내닫는 사람도 이럴 것이다. 남을 밀치고 밟으면서 달리지 않으면 선두가 되기 어렵기 때문이다.

그렇게 달려서 차지한 선두는 치러야 할 대가가 있다. 가지런한 이웃들은 서로 의지해서 바람이 불어도 쏠리지 않지만, 무리 가운데 우뚝 솟은 그 줄기는 바람에 부대껴서 몸부림쳤다.

창문을 여닫을 때마다 창틈에 끼는 긴 줄기를 싹둑 자르고 싶었다. 제 딴에는 강자라고 과시하지만 저희 무리에게 원망 듣고 바람에 부대끼고 나에게는 애물단지이다. 그런데도 푼수 없는 이파리는 창틈에 끼여 멍이 든 채로 푸름을 더해 갔다.

괘씸하면서도 한편 연민의 정을 느꼈다. 그리고 궁금했다. 이러한 조화와 질서를 배신하는 사연이 있을 것 같아서였다. 요리조리 살피다 보니 잎 뒷면에 갈색 반점이 눈에 띄었다. 더듬어 보니 손끝에 오는 촉감이 의외였다. 만져지는 가루, 홀씨였다. 그러고 보니 시난고난 살면서도 종족만은 번식시키자는 속내였던가 보다. 줄기의 굳은 의지가 내 가슴속에서 공명했다. 흙 한줌 없는 도심의 콘크리트 건물 창가에 옮겨진 하트폰은 고민했겠지. 그러다가 수억 년간 이어온 종족을 보존할 길은 이것저것 다 포기하고 오로지 모성뿐이라는 것을 깨달은 걸까. 나는 이렇게 살았을망정 내 후손만이라도 멀리 날려서 흙을 찾아 살게 한다는 모성, 그 일념으로 염치없이 뻗어 올라간 줄기였다. 삐죽이 올라왔던 잎은 아기를 잉태한 모체였다. 입덧이었다. 사람도 입덧하면 신이 부여한 태아 보호 본능으로 염치없이 탐식하지 않던가.

또 한차례 퍼부으려는지 물기 머금은 비바람이 불어왔다. 이제 긴 줄기 끝 잎은 내 눈에는 보이지도 않은 작은 홀씨를 바람에 실을 것이다. 곳곳으로 날아가서 자리 잡고 잘 살아야 한다고 당부하는 것처럼 살랑살랑 잎을 흔든다.

밖에서 콩알 튀는 소리가 들린다. 소나기다. 사무실에 놓은 세 대의 전화벨이 쉴 새 없이 울린다. 수업이 몇 시에 끝나느냐, 아이를 데리러 갈 테니 보내지 마라. 헌 우산이라도 좀 씌워서 보내 달라……. 수화기를 놓기가 바쁘게 아이를 걱정하는 전화가 이어지는가 하면, 우산을 들고 학원으로 찾아온 엄마들로 출입구가 소란스럽다. 아무개가 아직 그 학원에 다니느냐, 그곳에도 비가 오느냐. 하고 애잔한 목소리로 묻기만 하는 엄마도 있다. 어쩔 수 없는 사정 때문에 함께 살지는 못해도 마음마저 따로 살 수 없는 것이 엄마다. 그래서 이런 날에는 행여 아이가 비에 젖을까 봐 전화라도 걸어야 한다.

나 또한 그러한 엄마의 대오 속에 존재한다.

"끝날 때쯤이면 그칠 거예요. 안 그친다 해도 아이들이 버리고 간 우산 많으니까 씌워 보내면 됩니다."

현관을 나서는 아이들에게 우산을 하나하나 펼쳐서 들려주고, 찻길 건널 때 우산 똑바로 세우고 양옆 잘 살피라고 이른다.

아이들이 다 빠져나간 공간에 멀쑥하게 뻗어 오른 하트폰 줄기가 살랑살랑 손짓한다. 비를 뿌리는 하늘에서 어머니가 전하는 메시지인 양 어디선가 환청이 울린다.

"우산 있니? 비 맞으면 감기 걸린다."

걱정스러우면서도 연민이 담긴 목소리다.

02

마음으로 보는 아이

새로 쓰는 토기와 거북이

어쩌다 거북이를 보게 되면 그냥 지나치지 못한다. 자는지 깨어있는지, 아니 살아있기나 한 건지조차 분간이 안 되는 답답한 모습이라 한참을 들여다보게 된다. 어김없이, 초등학교 시절에 공부한 「토끼와 거북이」의 우화가 떠오른다. 약삭빠른 토끼가 나무그늘에서 낮잠을 자는 사이 성실한 거북이가 엉금엉금 기어가 결승점에 닿았다는 거북이, 그런 거북이 때문에 소동이 일어날 줄이야.

그날, 나는 아직 수업 시작 전이었기에 사무실에서 잡일을 하고 있었다. 어린이들은 하나둘 강의실로 들어가서는 저희끼리 재잘거렸다. 그런데 갑자기 쿵 소리가 났다. 이어 둔탁한 물건이 충돌하는 소리가 들리고 아이들의 재잘거림은 뚝 끊겼다. 숨죽인 아이들이 몰려와서 훈이가 이상하다고 했다.

아이들에게 떠밀려서 들어가 보니 훈이가 닥치는 대로 걷어차고 내던지고 있었다. 눈물이 그렁그렁한 눈으로 나를 흘깃 보고는 걸상에 털썩 주저앉아 두 팔 사이에 얼굴을 묻고 흐느끼기 시작했다. 평상시 보아온 그와 너무나 다른 모습이었기에 아이들보다 내가 더 놀랐다.

그는 거북이처럼 느릿느릿 오고 느릿느릿 가는 아이다. 문제를 풀 때도 느리다. 빨리하자고 채근해도 눈만 한번 끄먹거리고 만다. 그러다 보니 혼자 남아서 나머지 공부를 하는 날이 많다. 다음 아이들의 수업을 위해 못한 부분을 숙제로 내면 하다 만 시험지를 가져올 때도 있다. 그런 어느 날 야단을 쳤더니 그 후부터는 숙제를 내면 아예 결강했다.

그나마 좀 나은 때는 수학 시간이다. 어느 날 사고력을 요구하는 서술형 문제를 쉽게 풀기에 지켜보니 스스로 공식을 응용하기까지 했다. 믿을 수 없어서 경시대회용 문제를 한 장 내밀었다. 거북이처럼 고개를 주억대긴 해도 문제를 풀어나갔다. 풀다가 막히면 나를 멀뚱히 바라보기도 하고 답을 구해 놓고는 원리를 모르겠다며 묻기도 했다. 정답을 쓴 후에는 오히려 부끄러운 듯 시선을 피했다.

그런 모습이 내 의욕을 부추겨서 특별지도까지 하게 되었다. 방학을 이용하여 가장 난도가 높은 수학교재로 선행학습을 시켰다. 교재는 원리, 개념, 응용 부문으로 구성되어 있었다. 녀석은 단순히 계산만 하는 원리 편에서는 가끔 오답을 쓰기도 했지만, 난도가 높을수록 강한 집중력을 발휘했다. 느리기는 해도 문제가 요구하는 답을 향해 풀이과정을 전개하는 모습을 보노라면 한 편의 해피엔딩 동화를 읽는 것 같았다. 아이의 풀이결과가 정답과 일치할 때면 나도 몰래 환호가 튀어나왔다.

그가 좋아하는 게 또 하나 있다. 마술이다. 특히 카드를 이용한 마술을 잘하는데 거북이같이 느린 아이가 빠른 손놀림으로 눈속임하는 게 신기했다. 더러 내 눈에 들키기도 했지만. 마술이 끝나면 "우와!" 하며 추임새 넣는 내게, 어디서 어떻게 익혔으며 속임의 원리는 무엇인지 상세히 가르쳐 주었다. 여기저기서 배우기도 하고 스스로 응용하여 계발도 하는 눈치였다. 특별한 기술이라도 익히는 날이면 만날 때까지 기다리지 못하고 동영상으로 촬영하여 카톡으로 보내주기도 했다.

그가 마술을 보여 줄 때만은 스마트폰 게임에 빠져 있던 친구들도 모여들었다. 속임수에 꼬빡 속아 탄성을 지르기라도 하면 빙긋이 웃었다. 교재를 안 가져온 날은 태평하지만, 마술 도구를 안 가져온 날은 바람처럼 집으로 내달리는 아이에게 그토록 마술에 열중하는 이유를 물었더니 사람들이 좋아하기 때문이라고 했다.

하루는 전에 없이 스마트폰 충전을 부탁해 왔다. 게임을 즐기지 않는 그는 여간해서 그런 일이 없었기에 스마트폰 화면을 들여다봤더니 정말로 배터리 표시의 막대기가 다 없어져 완전히 비어 있었다. 동그래진 내 눈을 읽고는 봉서산으로 현장체험을 갔었는데, 산에서 핫스팟 기능을 실행했더니 그렇게 되었다고 했다. 핫스팟 기능을 실행하면 배터리뿐 아니라 데이터도 빠르게 소진된다. 반면 주변 다른 스마트폰에서는 무상으로 데이터를 쓸 수 있다. 배터리야 아무 곳에서 충전할 수 있지만, 데이터는 한 달 쓸 수 있는 양이 대부분 정해져 있기에 소진하고 나면 다음 달까지 쓸 수가 없다. 물론 추가로 요금을 부담하면 되지만 아이들에게는 무용지물인 셈이다. 그러기에 데이터는 또 하나의 용돈인 셈이다.

그런 사정을 알기에 예전에 무제한으로 쓸 수 있는 핫스팟(와이파이)을 사무실에 설치했었다. 아이들의 반응은 광적이었다. 지각은커녕 너무 빨리 와서 귀찮을 정도였다. 너무나 게임에 빠지는 것은 아닌가 걱정이 되기도 했지만, 수업 시간에는 스마트폰을 보관함에 두기로 한 약속을 잘 지키기에 관망하고 있던 어느 날이었다. 일과를 마치고 어둑어둑한 바깥으로 나오니 어디선가 아이들 목소리가 소곤소곤 들려왔다. 아뿔싸, 위층 층계참에서 스마트폰 빛이 반짝거리고 대여섯 명의 어린이가 옹기종기 모여 있는 모습이 어렴풋이 보였다. 다른 학원을 거쳐 벌써 집에 가 있어야 할 시각인데 그때까지 스마트폰 게임에 빠져 있었다. 그 일을 계기로 와이파이를 다시 철거하게 되면서 아이들은 데이터 소모에 더욱 신경을 곤두세운다.

혁이의 데이터 사용량을 알리는 도돌폰을 눌러보니 이번에는 막대그래프가 꽉 차 더는 남은 양이 없음을 알리고 있었다. 새달이 되기까지 아직 멀었는데 어떡할 거냐는 내 걱정에

"괜찮아요. 애들이 좋아해서 저도 좋았어요."

라고 빙긋이 웃었었다.

다행히 울음소리가 잦아들며 진정될 기미가 보이기에 혼자 두고 나왔다가 수업 시간이 되어 다시 마주했다.

화나는 이유가 무엇인지 말해 줄 수 있느냐는 내 말에 눈물을 다시 글썽거렸다.

"친구들이… 거북이라고… 놀렸어요."

울먹이며 더듬더듬 말했기에 혹시 잘못 들은 게 아닌가 내 귀를 의심했다. 그게 그렇게 난리를 칠 일이란 말인가.

"사실 느리잖아?"

"그건 내 습관일 뿐이에요. 거북이는 아니라고요!"

잠시 침묵이 흘렀다. 거북이가 아니라고? 그러고 보니 거북이는 느린 것만이 아니었다. 토끼가 낮잠을 자는 옆을 살그머니 지나 혼자 결승점으로 가 만세를 불렀었다. 관점에 따라 공존의식 없이 저만 아는 이기주의자일 수도 있다. 그렇게 생각하니 조금은 이해가 되었다. 훈이는 뛰어난 수학 실력을 내세우지 않는다. 상대를 치고 차고 쏘고 베면서 혼자 스마트게임을 즐기기보다는 수없는 반복과 시행착오를 거쳐 터득한 마술로 모든 사람을 신나게 해 주는 아이다. 자신의 데이터를 소진해가며 친구들에게 핫스팟을 제공하는 아이이다. 오로지 이기기 위해 잠자는 토끼 옆을 살그머니 지나치는 거북이와는 다른 삶을 사는 아이다. 헤엄을 잘 치는 거북이가 뭍에서 경주를 했더라도 잠자는 토끼를 깨워 함께 가야 했다는 것이다. 자신만의 영달을 추구하는 인정머리 없는 거북이에 대해 분노했으리란 생각에 이르자 나도 모르게 어깨를 토닥이게 되었다.

오늘도 문밖은 치열한 경주의 연속이다. 과정이야 어찌되었든 오로지 승자 위주로 돌아가는, 패자가 대부분인 세상에서 몸으로 새로 쓰는 혁이의 '토끼와 거북이'가 새삼 가슴을 설레게 한다.

유리 인형

텔레비전 화면에 명품이 가득 찼다. 가방, 구두, 옷가지…. 포장지도 뜯지 않은 '신상' 그대로다. 카메라는 이 방 저 방 구석구석 더듬어서 명품들을 뒤져낸다. 창고가 아니고 어엿한 살림집을 창고 겸해서 쓰고 있다. 이 집 안주인의 도심盜心이 끌어다 놓은 것들로 해서 집의 용도가 바뀐 것이다. 카메라에 잡힌 명품들은 여인의 도심으로 윤색되어서 한결 돋보이고 개성적인 기교와 품위를 드러낸다. 물론 화면에는 도심도 여인도 담겨 있지 않다. 살결이 고운 그 여인은 원광 밖에서 카메라와 함께 자신이 가진 도심의 솜씨에 경이감을 드러낼지도 모른다.

어둠 속의 여인 뒤에서 아이 하나가 걸어 나와 화면을 가득 채운다. 긴 머리에 우수 어린 눈을 가진 아이, 내 안에다 가시를 꽂고 떠난 십여 년 전의 그 아이다.

아이는 엄마 손에 이끌려 상담실로 들어섰다. 멀리 평택에서 이사 왔다고 했다. 아이는 나를 외면한 채 부산하게 시선을 옮겨가며 주변을 두리번거렸다. 친구 없이 낯선 곳에서 견뎌내야 한다는 불안과 긴장이 가득 찬 눈빛이었다.

"얘네 아빠하고 헤어졌어요."

엄마는 고개를 떨어뜨리고 물감처럼 풀리는 목소리를 손수건에 쓸어 담았다. 여기저기 두리번거리던 아이의 시선은 먼 하늘 구름 너머 어디쯤인가를 헤젓고 있었다. 잠자리 한 마리가 날아와서 유리창에 내려앉은 가을 햇살을 받으며 졸고 있었다. 먼 하늘을 헤매던 아이의 시선이 어느새 돌아와서 잠자리로 나가갔다. 티 하나 없이 투명한 순수였다. 가볍게 스치는 바람결에도 금이 갈 것만 같은, 가리고 숨기는 것 하나 없이 다 비쳐 보이는 유리 인형. 어떠한 무력도 위협의 먹구름도 침투할 수 없는 절대의 투명체로 보였다. 나는 그 인형을 마음에 끌어안았고, 인형은 고운 눈빛으로 내게 안겼다.

그러나 불순한 그림자는 그 투명체에 소리 없이 스며들었다.

직원들 봉급날이었다. 은행에 들러 현금을 찾아서 출근해 보니 아이는 미리 와서 내 사무실에서 책을 보고 있었다.

"도둑 잘 지켜!"

가방을 내려놓으며 인사 대신 당부한 후 편지함의 우편물을 거두러 잠시 나갔다가 돌아왔다. 방과 후에 봉급 봉투에 현금을 세어 넣다 보니 9만 원이었던가? 정확히 기억은 안 나지만 꽤 많은 액수의 돈이 모자라는 것이었다. 다시 한 번 세어보고, 증빙서류를 확인해도 모자랐다. 은행에 전화를 걸어 현금인출기에서 오류가 나서 그런 것 아니냐고 물었다. 의심할 만한 누구도 없었기에 억지를 써 본 것이다.

나 또한 먹물을 적신 마음으로 며칠을 지냈는데, 한 아이가 지갑을 통째 잃었다며 눈물을 찔끔거렸다. 곧 찾아 주겠다고 우는 아이를 달랬지만 혼란스러운 내 마음은 달랠 길이 없었다. 그때까지도 유리 인형에는 어릿거리는 검은 그림자 하나 없었다.

그 다음 날, 유리 인형의 엄마가 빨간 지갑을 들고 나타났다. 지갑을 잃었던 아이는 제 것이라고, 돈도 그대로 있다고 좋아했다. 유리 인형의 엄마는 이웃집에도 들러 아이가 도둑질한 물건 값을 변상하고 오는 길이라며 아이를 대신해서 눈물로 사죄했다. 엄마의 눈물도 티 하나 없이 맑고 투명했다. 내 안에 안겨 있던 투명체의 인형이 산산조각이 나면서 때 묻은 얼룩이 번져갔다. 어디에서 이런 때를 묻혀왔느냐는 물음에 앞서 때를 묻혀 준 범인을 먼저 찾았다. 물증은 없지만, 범인은 공허감인 듯했다. 유리 인형은 속이 비어 있었다. 아빠도 멀리 떠나고, 엄마는 온종일 직장에 나가서 집은 늘 비어 있다. 빈집에서 구석구석 더듬어 무언가를 찾아보았지만 유리 인형에게 잡히는 것은 공허뿐, 허기를 달랠 길이 없었을 게다. 유리 인형은 무엇으로라도 빈속을 채워야 했다. 그래서 밖에 있는 것을 끌어다가 속을 채워가던 중이라 생각했다. 나는 유리 인형을 씻겨 다시 마음속에 끌어안았다.

아이의 성적은 날로 향상되어 교재를 한 단계 높여 지도했다. 유리 인형에게도 실금이 가시고 본래의 투명한 새살이 돋아났다. 내 안에서는 이슬방울이 구르는 인형의 선율이 흘렀다. 구름 밖의 먼 하늘에서 흘러오는 그런 선율이었다. 그러나 그 소리를 내던 악기의 현은 오래 안 가서 끊어지고 말았다.

아이의 이모라는 사람이 찾아왔다. 아이를 다른 지방에 사는 아버지에게 보내겠다는 것이다. 저의 엄마가 집을 나가서 소식조차 끊고 지낸 지 한 달이 다 되었다고 한다. 유리 인형은 그동안에 저 혼자서 감당하기에는 너무도 큰 허공에서 헤매고 있었을 것이다. 뭔가 작은 것으로라도 그 허공의 한쪽을 메워서 보내고 싶었다. 하지만 쥐여 보낼 마땅한 것이 생각나지 않았다. 작지만 휑한 속을 가득 채워 줄 그런 선물……. 궁리 끝에 내가 줄 것은 그 인형과 같이 있는 시간을 연장하는 것밖에는 없다고 결론을 내렸다. 그래서 아이의 이모에게 현장체험학습 핑계를 댔다, 그날까지만 보내달라고. 떠나는 유리 인형의 빈 속에다 친구들의 그림자라도 채워 주고 싶어서였다.

그러나 아이는 다음 날부터 나오지 않았다. 비어 있는 그대로 떠나보낸 것이 못내 아쉬웠는데, 현장체험학습 당일에 맑은 햇살을 온몸에 담고 나타났다. 너무도 반가워서 나는 지갑에서 아이 몫의 경비를 꺼내어 채워 넣었고, 친구들은 유리 인형에게 밝은 웃음을 채워서 떠나보냈다.

그런데 그 인형은 마지막 떠나면서 산산조각이 되어 유리의 파편이 나의 온몸을 저몄다. 야외수업 뒤처리를 하려고 사무실에 와 보니 쓰레기통에 구겨진 봉투가 바늘 끝처럼 내 눈을 찔렀다. 행사 중의 모든 경비를 카드로 결제하기로 하고 놓고 간 돈 봉투였다. 봉투는 비어 있었다. 유리 인형은 그 속에 들어 있는 돈으로 허기를 재우자는 속셈인 모양이었다.

서릿바람이 창을 두드린다. 유리 인형은 이 바람 속에서 뉘 집 창문을 두들기고 있을까. 좀처럼 녹지 않을 얼음덩이의 인형, 부모의 체온이 아니고는 한기와 허기를 채워 줄 수 없을 텐데…. 이제는 어른이 되었겠지만, 내 안의 유리인형은 아인 채로 마음을 무겁게 내리누른다.

허기의 늪

그들의 밥은 멀건 죽이다. 풀죽으로 연명하기에, 밥이 산에서 자란다고 믿는 아이도 있다. 생일을 맞은 한 아이는 하얀 쌀밥을 앞에 두고도 밥 달라고 발버둥 친다. 급기야 84쪽에서는 팔려가는 어린 딸의 입에 밀빵을 욱여넣으며 어미가 죽어간다.

곧 연다던 배급소 문이 닫혀 있던 4년 동안의 허기를, 먹지 못해 죽어가는 삼백만의 참상을 탈북 시인 장진성은 시집 ≪내 딸을 백 원에 팝니다≫에서 그렇게 읊었다.

시집을 읽으며 처음에는 '그럴 수 있을까?' 하고 의아했지만, 쌀 다섯 알, 멀건 풀죽, 소금 탄 맹물 등 내 머릿속에서 왕왕대던 시어들이 식도를 타고 내려오며 소화기관을 자극하기 시작했다.

아무렇지 않게 개수대에 흘려보냈던 밥알도 '눈물밖에 가진 것 없던 인민'의 생명줄이었기에 허투루 대할 수 없었다. 열심히 일해도 원초적 식욕조차 채우지 못하는 '인민'을 통해 내 안의 허기, 마침 은퇴라는 인생의 전환기를 맞아 허허롭던 마음이 식탐을 유발한 걸까. 아무리 먹어도 포만감을 느낄 수 없었다. 빌렸던 시집은 돌려주었는데도 허기는 가시지 않았다.

근무 중에만은 일에 몰두하다 보니 잠시 허기를 잊을 수 있었다. 그런데 어제는 저녁때가 가까워지자 다시 먹을 것이 생각나기 시작했다. 아침에 냄비 가득 끓여 놓은 '고깃국'이 어른거려 하릴없이 사무실 냉장고를 열어보았다. 평소 음료수 따위나 넣어 두던 소형 냉장고이다. 그런데 이게 웬 떡인가. 빵 상자가 떡하니 들어 있지 않은가. 꽤 많은 옥수수빵이 남아 있었다. "세상에서 제일로 맛있는 건 따뜻한 옥수수"라던 시구가 문득 떠올라 입안에 침이 고였다.

며칠 전에 영어 선생에게 간식으로 준 것인데 먹다가 남아서 냉장고에 넣어둔 모양이었다. 물론 유통기간은 이미 지나 있었다. 인민은 쥐도 잡아먹는데 유통기한쯤이야…. 한입 떼어 물었다. 달콤한 것이 사르르 녹아 목구멍으로 흘러들었다. 유통기간이 지났음을 알리는 숫자들도 단맛에 묻혀 슬그머니 넘어갔다. 더 먹고 싶었으나 가까스로 상자를 덮어 냉장고에 밀어 넣었다. 그런데

"혼자 드시기에요?"

마침 들어온 학생들이 우르르 몰려들어 같이 먹자고 난리였다. 한창 먹을 나이에 뛰어놀다 왔으니 그럴 만도 한 일이었다. 그렇지만 아이들에게만은 유통기간 지난 빵을 먹게 할 수 없었다. 그런데 막무가내로 선생님 드시는 거 다 봤단다. 급기야 같이 죽잔다.

'그래, 유통기한이라는 것이 절대적인 것은 아니야. 보관 상태가 좋으면 연장될 수도 있지. 게다가 먹어보니 아무 이상 없잖아.'

그렇게 스스로 합리화 시키고는 아이들 한입 나 한입 사이좋게 남은 빵을 해치웠다. 먹어서는 안 된다는 것을 알면서도 허기를 이기지 못해 꿀꺽해버린 것이다. 여럿이 먹으니 묘한 쾌감까지 더하여 낄낄거리기까지 했다.

그런데 그날 밤 비몽사몽간에 싸늘하고 무거운 물체에 짓눌리는 느낌이 들었다. 복통이라는 것을 어렴풋이 알아차리는 순

간 머릿속을 스치는 낱말에 정신이 번쩍 들었다.

'옥수수빵! 그럼 아이들도?'

'괜찮을까? 아이들이니까, 면역력이 약하니까 나보다 더 많이 아플 거야.'

생각이 거기에 미치자 메슥거리던 속이 꽉 막혀버렸다. 한숨을 쉬어 봐도 답답했다. 가슴이 쪼그라드는 것만 같았다. 그렇다고 한밤중에 전화를 해볼 수도 없는 노릇이었다.

걱정이 걱정의 꼬리를 물어 그렇게 밤을 새우고는 멍한 상태로 책상 앞에 앉았다. 은연중 허기라는 낱말을 자판에 치고 마우스를 조작해 가다가 주창윤이라는 작가를 만났다. 그는 ≪허기 사회≫라는 책을 통해 무한경쟁사회의 허기를 진단한 뒤 눈부처 되기를 권한다. 그것은 상대방의 눈에 비친 나는 내 모습이니 나이기도 하지만, 상대의 눈동자이니 상대의 모습이기도 하다는 말로 공동체로서의 공존의식을 강조하며 그것이 속물근성으로 인한 정서적 허기를 치유하는 명약이라는 처방을 내린다.

다음 화면을 클릭하니 마침, 어떤 인사가 정당하지 못한 재물을 꿀꺽했다는 뉴스가 떴다. 사회적 위치로 보아 그만하면 잘먹고 살았을 법한데 유령의 위장을 하나 더 가지고 있었나

보다.

나는 유통기한 지난 빵을 먹었으니 병원 신세를 질 테고, 양심 밖의 재물을 탐낸 그는 유치장 신세를 져야 할 것이다. 카메라 앞에서는 시치미를 떼지만 고통스러울 테지. 못 먹어 느끼는 '인민'의 허기 못지않게 채우지 못해 안달하는 정신적 허기의 아득한 늪을 본다. 허우적거리는 그의 눈동자에 비친 내 모습을 상상하니 입맛이 씁쓸하다.

엄마의 치마

옆구리가 새삼스럽게 욱신거린다. 상민이에게 맞은 통증이다. 초등학교 삼 학년 아이답지 않게 여문 주먹이었다. 엄살이라고 할지 모르지만, 단순히 촉감으로만 전해지는 통증이 아니고 가슴속 깊이 저미는 아픔이다. 아이의 어디에서 그런 힘이 나왔을까?

자리에 누우니 아이의 잔뜩 부풀어 오른 동공이 금방이라도 집어삼킬 듯이 어둠 속에서 다가온다. 핏방울이 뚝뚝 떨어질 것처럼 핏발이 서 있는 눈은 엄마에 대한 원한과 바닷물처럼 파랗게 사무치는 그리움, 외로움, 울분, 저주 같은 것이 뒤범벅되어서 끓어오르는 용암의 덩어리였다. 세 살 때부터 잠재돼

있던 자신도 모르는 불씨가 나이와 함께 번져서 그렇게 되었을 것이다. 용암은 언제라도 지층을 뚫고 솟구치게 마련이라 그 누구도 때와 장소를 예측할 수 없다. 다만 지진으로 전조前兆를 보일 뿐이다. 그날 일어난 상민이의 발작도 그런 전조였을 게다.

설명하면서 시험문제를 풀어 가는데, 상민이는 껌을 질겅질겅 씹다가 길게 늘여서 옆에 앉은 여자아이의 얼굴 가까이 가져갔다. 그러다가 둘둘 말아서 입속에 넣고 씹고, 다시 꺼내면서 괴롭히는 것이었다. 화장지를 주면서 뱉으라고 하자 못 들은 척 아예 책상에 엎드려버렸다. 그러다가 시간이 지나면 본성으로 돌아온다. 상민이의 그런 버릇을 아이들은 다 알기 때문에 인내심을 가지고 참아 준다.

이삼 분쯤 지나자 상민이는 고개를 들고 2번 문제부터 풀어 가기 시작했다. 설명하면서 다 같이 풀고 있는 7번 문제를 보라고 해도 저 혼자 부지런히 3번과 4번의 답을 써나가더니 번쩍 손을 들었다.

"선생님, 5번 모르겠어요!"

나는 9번 문제를 설명하고 있는데 아이는 그랬다. 9번부터 설명 듣고 못한 것은 쉬는 시간에 하자고 해도 막무가내였다.

할 수 없이 설명해 주고 나서 진도를 나아가는데 또 7번 문제를 설명해 달라고 했다. 아이는 가끔 그렇게 까닭 모를 심통을 부렸다.

내 수업이 끝나고 상민이는 3강의실로 영어 수업을 받으러 갔다. 아이는 거기에서도 그런 심통을 부렸던지 수업을 시작한 지 얼마 안 되었는데, 옆 교실이 시끌벅적했다. 상민이 때문이라는 것을 알아차리고 들어가 보니 책상을 들었다 놓았다 하면서 햇병아리 영어 선생님에게 행패(?)를 부리고 있었다. 수업이 시작되었는데도 휴게실에 앉아 텔레비전만 보고 있기에 리모컨을 빼앗았더니 저런다고 선생님이 사정 이야기를 했다.

"너, 안 나오면 아빠한테 연락한다."

엄마가 없으니 제가 의지할 기둥은 아빠뿐이라는 것을 알고 그렇게 으름장을 놓았다. 아이는 나한테 달려들어서 주먹질했다. 제 힘이 아니고 가슴속에 뭉쳐있는 불덩어리에서 솟구치는 울분으로 휘두르는 주먹이라 당해낼 수가 없었다.

"더 때려라. 때리고 싶은 만큼 때려."

나는 아이에게 맞을 짓을 한 것처럼 내맡겼다. 주먹을 휘두르던 아이가 눈물이 흥건한 눈으로 웅크리고 있는 나를 바라보았다. 제가 찾는 상대가 아니라는 것을 그제야 깨달았다. 아픔

보다 측은한 생각이 들어서 아이를 꼭 안았다.

"아빠에게 이르지 마세요."

빠져나가려고 몸부림을 치던 아이가 울먹이면서 애원하듯 말했다.

"그래, 약속할게."

새끼손가락을 걸고 손가락 도장까지 찍고서야 아이는 다시 강의실로 들어갔다.

그러는 아이의 가정 사정을 알게 된 것은 아이를 맡은 지 며칠 안 되어서였다.

바른생활 시험을 볼 때였다. 다른 문제는 다 풀었는데 가족의 역할에서, '우리들의 숙제를 도와주고 보살펴 주며 집안일을 하는 사람'을 묻는 문제의 답은 쓰지 않고 빈칸으로 남겨 놓았다. 문장의 뜻을 이해하지 못해서 그러는가 싶어 문제를 천천히 읽어 주었다. 상민이는 내가 문제를 읽는 동안 잠시 생각에 잠기더니 상기된 얼굴로 나를 쏘아보았다.

"우리 엄마는 나 세 살 때 도망갔단 말예요!"

아이는 책상에 엎드려서 큰 소리로 울었다. 서러워서 우는 울음이 아니고 바락바락 악을 쓰면서 가슴 속에 엉겨 있는 응어리를 풀어내는 그런 울음이었다. 몰라서 안 쓴 게 아니고 엄마라는 사람에게 품고 있던 원한이 아이의 펜을 붙들고 있었다. 저도 빈칸에 어머니라고 반듯하게 쓰고 싶었을 것이다. 그러나 거짓말을 할 수는 없었던가 보다.

아이는 수업시간에 손가락을 빨거나 콧속을 후볐다. 주의집중을 시키려고 질문을 하거나 지적을 하면 손가락을 배에 쓱 문지르고는 아예 책상에 엎드려서 훌쩍거렸다. 답답한 나머지 아이의 아버지에게 사정을 얘기했다. 그들 사이에 무슨 일이 벌어졌는지는 모르지만 한동안 그런 행동을 보이지 않더니 며칠 안 가서 또 그런 버릇이 나타났다.

"네 그런 모습을 사진 찍어 아빠에게 보여 드리겠다."

나는 교탁 위에 필름 없는 카메라를 설치해 놓고 겁을 주었다. 처음 얼마 동안은 바로 자세를 고쳤지만, 며칠 안 지나서 그것도 효험이 없었다.

이런저런 생각으로 자정이 넘었는데 욱신거리는 통증은 가라앉지 않는다. 기지개를 켜다가 마침 유리그릇을 포장해온 에어캡 포장지가 손에 잡혀서 손가락으로 꼭꼭 눌렀다. 그것이라도 터뜨려야만 마음의 통증이 가라앉을 것 같아서였다.

"뽀보복 뽀복 뽁."

방울방울 맺혀 있는 공기 방울 터지는 소리가 쾌감을 준다.

유리그릇이 공장에서 내 손에 오기까지 여러 단계의 유통과정을 거치면서 굴리고 던졌을 테지만 흠집 하나 생기지 않게 완충작용을 해 준 포장재이다. 아이에게 주먹을 휘두르지 말고 이걸 터트리라고 하면 어떨까. 공기 방울을 터뜨리는 아이를 상상해 보았다. 처음에는 손가락으로 하나씩 터뜨릴 것이다. 그러다가 여러 겹 접어서 주먹으로 터뜨리고, 그다음에는 발로 짓이기고, 그래도 울분이 가라앉지 않으면 옆에 있는 필통이라도 들어서 던지겠지. 그리고 다음에는…. 상상만 해도 괴롭다.

갈수록 세차게 분출하는 용암, 지금 누가 그 불을 끌 수 있을까. 엄마의 자리에서 일어난 불씨이고 엄마 때문에 분출하는 불길이니 이제라도 돌아와서 엄마라는 치마로 덮어서 재울 수는 없을까. 속잎을 싸안은 겉잎이 그렇듯이 엄마라는 치마는 걸레가 되어야 한다. 그래서 우리 엄마들이 치마를 입지 않는가.

김치할머니와 떡볶이아줌마

100원짜리 포도색 사탕, 몇 번이나 만지작거렸더니 반짝이던 포장지가 휴지가 되었다. 상근이가 준 것인데, 먹자니 꺼림칙하고 버리자니 미안해서 며칠째 그대로 두고 있다. 포장지의 깨알 같은 글씨를 읽어 보니 탄수화물과 당류의 함량만 표시되었고 제소사나 첨가물에 대해서는 나와 있지 않다. 아마도 식품의약안전처에서 정한 고열량 저영양 식품의 기준을 염두에 두고 표기한 것 같다.

포장지를 뜯어 혀를 대어 보았다. 탄수화물과 당류만으로 이렇게 현란한 색과 새콤달콤한 맛을 낼 수 있을까. 사탕에 예쁜 색을 내는 데는 주로 석탄에서 추출한 타르 색소를 사용한다고 알고 있다. 자꾸 먹으면 ADHD(주의력 결핍 · 과잉행동 장애)나 피부질환을 유발한다는 연구 결과가 심심찮게 발표되고 있다. 새콤한 맛의 정체는 또 무엇일까.

이번 정부가 '불량식품'을 척결해야 할 4대 악 중 하나로 내놓았고, 이미 오래전부터 학교로부터 200m 이내에서는 그런 것을 팔지 못하도록 그린푸드존으로 묶어 일깨우고 있지만, 영세한 문구점에서는 마진율이 높아서, 우리 어린이들은 싸고 자극적인 맛에 유혹되어 여전히 팔고 사고 있다.

500원짜리 떡볶이도 아이들이 자주 사는 군것질거리이다. 나도 먹어보았는데, 조미료 맛과 짜고 매운 자극에 끌려 자꾸 손이 갔다. 주재료는 쌀로 만든 떡이 아니고 밀가루를 버무려 만든 떡이었다.

밀가루 역시 아이들이 먹기에는 안전하지 못하다. 밀가루는 대부분 호주나 미국산인데 적도를 지나 한 달 이상 걸리는 수입 과정에서 변질을 막으려면 살충제나 살균제, 방부제, 보존제 등을 사용할 수밖에 없다. 그래서 생산국에서는 자국 소비용 밀과는 다르게 수출용 밀에는 이러한 약품들의 사용을 법으로 허용하고 있다. 언젠가 텔레비전에서 본, 자국민이 먹는 밀가루와 우리가 수입해 온 밀가루를 일정 기간 내버려둔 결과물을 생생히 기억한다. 자국용에는 바구미 등 벌레가 우글거리는데 우리나라가 사 온 수출용에는 한 마리도 없었다. 결국, 벌레도 못 먹는 것을 우리 아이들이 마구 먹는 셈이다. 그런 생각을 하면 떡볶이를 먹지 못하게 하고 싶지만, 맛있게 먹는 것을 차마 빼앗을 수 없어 안타깝기만 하다.

얼마 전 명절 선물로 가래떡을 한 상자 받은 적이 있다. 유기농 쌀로 빚었다는 말에 우리 학생들이 떠올랐다. 굳기 전에 떡볶이용의 크기로 잘라 1회분씩 포장하여 저장했다. 그리고는 내 강의가 한 시간뿐인 목요일로 날을 잡았다.

"목요일은 군것질하지 않는 날로 정합시다. 대신 선생님표 무공해 떡볶이를 무한 제공합니다."

광고했으나 아이들의 반응은 시큰둥하기만 했다. 내 솜씨 없음을 눈치채기라도 한 걸까. 그러든저러든 고향에서 보내온 고추장에 두어 가지 과일을 갈아 넣어 양념을 만들고 유기농 가래떡과 함께 커다란 냄비를 준비했다. 부족한 단백질과 지방은 달걀을 삶아 껍질을 까서 보탰다. 내 앞치마에 아이들이 손 닦을 물휴지까지 챙기고 나니 차의 뒷자리가 꽉 찼다.

이윽고 수업을 마치고 나오는 아이들에게 외쳤다.

"유기농 무공해 떡볶이 드세요. 공짜에 무한리필입니다."

촐싹대는 상근이가 먼저 한 컵 받아 맛보았다.

"우와, 진짜 무한리필이져?"

그 소리에 주춤거리던 아이들이 다투어 줄을 섰다. 입가에 빨간 양념 묻혀가며 '맛있어요.'를 연발하는 아이들이 귀엽고 사랑스러웠다. 아침부터 부산을 떠느라 쌓인 피로는 싹 가시고 뿌듯하기만 했다.

"떡볶이 아줌마, 한 컵 더 주세요. 쫄깃쫄깃하고 맛이 있어요."

상근이는 세 컵을 먹고도 양이 차지 않는지 종이컵 하나를 더 갖다가 제가 먹던 종이컵까지 채워서 자리를 떴다.

"얘, 이 자리에서만 무한 리필이야. 그렇게 퍼 가면 다음 시간 친구들이 먹을 게 없잖아."

밖으로 나가려던 아이가 돌아서더니 멀뚱한 눈으로 나를 바라보다가 떡볶이가 담긴 컵으로 눈이 옮겨가다가 다시 내게로 다가왔다. 너무 심하게 무안을 주었는가 해서 웃음기 띤 표정을 보였지만 아이의 눈빛은 변함이 없었다. 뭔가 애원하는 듯한, 그러면서도 야속하다는 듯 원망 띤 눈빛이더니 컵에 담았던 것을 그릇에 쏟지 않는가.

"네가 먹던 것을 쏟아 부으면 어떻게 먹어. 에잇, 더러워."

아이들이 짜증을 내며 돌아섰고, 남아 있는 것은 머쓱해진 상근이 하나뿐이다.

“농담이야. 농담과 진담도 구분할 줄 알아야지.”

나는 열없어하는 상근이의 무안을 덜어주려고 쏟아놓은 것을 다시 두 개의 종이컵에 담아 주었지만 상처받은 마음이 쉽게 아물어들 기세는 아니었다.

“집에 가서 먹어. 너희가 불량 식품을 사 먹기에 내가 만들어 본 거야.”

머쓱해진 아이의 표정이 그제야 슬슬 풀리더니 담아가려고 한 사연을 실토했다.

“할머니 드리려고 그래요. 우리 할머니가 좋아하시거든요.”

엄마 아빠도 아닌 할머니를 생각해서라니 너무도 기특해서 나는 스티로폼 그릇에다 퍼 주고 집에 가서 할머니하고 같이 먹으라고 했다.

그 후 목요일마다 나는 원장님이 아니고 떡볶이아줌마가 되었고, 상근이를 위해서 도시락에다 따로 챙겨 주는 것도 잊지 않았다.

내 떡볶이에 맛을 붙였던지 평소에는 학교에 남아서 벌 공부하느라 늦게 오던 아이들도 목요일만은 정시에 도착했다. 걸리지 않으려고 엄청나게 조심했다면서 들어서는 말썽꾸러기 녀석, 냄새도 맛있다며 코를 벌름거리는 아이들로 목요일이 즐겁기만 했다.

떡볶이 잔치는 그 뒤로 계속되었다. 떡집에 주문해서 아예 떡을 빼다가 냉동실에 넣어놓고 목요일마다 잔치를 벌이는 것이다. 물론 할머니를 생각하는 기특한 우리 상근이를 위해서 도시락도 챙겨 가고.

그러던 어느 날 상근이의 할머니가 보퉁이 하나를 들고 학원으로 찾아왔다.

"아이를 맡겨놓고 한 번도 찾아뵙지 못했네요."

우리 학원에 들어온 지 삼 개월이 채 안 되었지만 아이가 붙임성이 있어 이내 정이 들었다고, 말하고 차를 권했다.

"에미 애비도 없는 불쌍한 것 자식이라 생각하고 맡아 주셔요. 쯧쯔쯔쯔, 불쌍한 것. 내가 그것 앞가림하는 것이나 보고 가야 할 텐데…."

엄마는 아이가 다섯 살 때 이혼해서 발길을 끊고 지내고 노동판을 전전하며 막노동으로 생계를 꾸려가던 아버지마저 몇 년 전에 저 세상으로 갔다는 아이였다. 노인은 말을 쏟아놓다가 이내 가두고 눈물을 훔쳤다. 60이 넘었을까 한 초로의 노인이었지만 얼굴에 주름 하며 차림새가 70도 넘어 보였다. 처음에 들어왔을 때 저의 엄마나 아빠가 데려오지 않고 할머니의 손에 끌려 온 사연을 그제야 알게 되었다.

"아이들 생각하시는 선생님 마음 쓰임새가 너무도 고마워서 김치 좀 담아 왔네요. 맛이야 없지만 내 손으로 기른 채소라 잡수셔도 별 탈은 없을 거요."

상근이의 할머니와 나의 거래는 그 뒤로 계속되었고, 그 덕분에 우리 식구는 무공해 김치로 호식하게 되었다.

학원은 그만두고 내친김에 아예 떡볶이아줌마로 나서 볼까. 사탕을 차마 입에 넣지 못하고 포장지만 또 조몰락거리며 나는 앞치마를 두르고 떡볶이아줌마로 나선 내 모습을 상상해 본다.

"자, 떡볶이 사요. 밀가루 하나 섞지 않고 진짜 우리 쌀로만 빚은 떡볶이요. 쫄깃쫄깃하고 맛이 있는 떡볶이 사요!"

마음으로 보는 아이

같은 사물이라도 받아들이는 마음이 어지러우면 제값을 못하는 법이다. 웃음소리가 들릴 듯한 햇살이건만 내게는 콕콕 찌르는 가시처럼 느껴지기만 했다. 뒷두리까지 주어가며 미장원에 다녀온 머리가 마음에 들지 않기 때문이다. 틈만 나면 복도로 나와 거울에 비춰 보지만 몽구리같이 되어버린 머리는 여전히 마음을 불편하게 했다. 새치나 염색해 달라고 했더니 파마까지 권한 미용사가 원망스러웠다.

마음을 달래 보려고 눈길을 창밖으로 돌렸다. 저만치 중학교 쪽에서 헐렁한 교복 자락을 팔랑거리며 여학생 하나가 달려오고 있었다. 한눈에 신입생인 것을 알았다. 3년을 입을 요량으로 넉넉하게 맞추어 입은 교복이 그걸 말해 주니까. 새처럼 포롱 포롱 가까이 다가오는 아이의 얼굴을 보니 내가 가르쳤던 아라였다.

아라의 얼굴을 보자 마음이 더욱 어두워졌다. 아이의 손을 끌어다가 내 입에 대고 입김으로 'ㅇ'과 'ㅎ'을 구분하게 하고, 아랫배에 대고 내 뱃살의 울림으로 끝소리를 가르친 아라다. 들을 수 없는 아이는 '오'자 '호'자 '혹'자를 다 '오'자로 읽었다. 그렇게 해서 7년 만에 초등학교를 마칠 무렵에야 일기를 쓰고, 마음이 내키면 편지도 써서 내 책상에 올려놓곤 했다.

졸업을 앞둔 어느 날, 아라는 이제 학원에 오지 않겠다고 했다. 다른 아이들과는 달리 신경이 쓰이는 아이라 속 모르는 사람들은 홀가분하게 되었다고 할 테지만 나로서는 가슴이 아려왔다. 그동안에 아등바등해서 가르쳐 오다 보니 아이하고 끈끈한 정이 엉겨 있었던지 애잔한 생각만 들었다. 하지만 그 분야에 전문 소양이 없는 나로서는 어쩔 수 없이 보내야만 했었다. 정만으로는 가르칠 수 없기 때문이었다.

아라는 내 시야를 벗어나 한참 달리더니 무슨 생각을 했는지 되돌아와 나의 시선을 끌어갔다. 유리창을 사이에 두고 나하고 빤히 눈을 맞추던 아이는 갑자기 동공을 부풀렸다. 변한 내 머리 모양을 보고 놀라는 표정이었다.

"떠데디, 엡뻐오!"(선생님, 예뻐요!)

두 팔로 머리 위에 하트 모양을 그리는 아이는 얼굴에 온통 웃음뿐이었다. 정말로 예쁘게 보여서일까? 청각장애이고 보니 마음으로 소리를 들어야 하는 아이는 보는 것도 마음으로 보리라. 그래서 나에게 끌리는 정으로 미운 것도 예쁘게 보는 것이다.

신체장애를 짊어지고 기우뚱기우뚱 살아야 할 아이의 앞날을 지레 걱정했던 나, 사사로운 머리카락에 마음을 앗겨 자지러질 듯한 웃음소리가 들리는 햇살도 우중충하게만 보았던 나에게 아이는 싱그러운 미풍 한 움큼을 뿌리고 갔다.

웃음꽃

국립묘지로 참배하러 가는 길이다. 주말인데다 날씨까지 화창해서 들뜰 만도 하건만 마음 한구석에는 먹장구름이 무겁게 얹혀 있다. 한 주 내내 내 바짓가랑이에 매달리던 그 아이의 흐느낌 소리 때문이다.

여느 때보다 길게 느껴지는 한 주였다. 월요일, 첫 시간 강의를 끝내고 사무실에서 인터넷 검색을 하며 쉬고 있는데 어디선가 흐느끼듯 가냘픈 소리가 어렴풋이 들렸다. 귀를 기울이면 사라졌다가 다시 들리고, 그러면서 마음을 산란하게 했다. 컴퓨터에서 나는 소리 같기도 하고, 아이들의 전화기에서 나는 슬픈 노랫소리 같기도 했다. 자리에서 일어나 실내를 한바퀴 돌아봤지만, 소리의 정체는 찾을 수 없었다. 자리로 돌아오니 실오라기 같은 흐느낌 소리가 되살아났다.

다시 일어나서 소리의 가닥을 사려가다 보니 주차장까지 발길이 닿았다. 자동차와 벽 사이의 좁은 틈에 웅크리고 앉아서 전화기를 들고 우는 아이의 뒷모습이 분명 내가 맡아 가르치는 학생이었다. 쉬는 시간이면 강의실이 떠나가게 웃고 떠들던 아이가 웬일일까? 아이는 울음을 삼키면서 전화기에 대고 '안 돼요.'라는 말만 되풀이했다. 통화가 끝나기를 기다리며 서 있는 등 뒤의 나를 의식하자 눈물 콧물을 쏟아내며 통곡했다.

사연을 물으니 엄마가 갔다는 것이다, 아빠 말 잘 듣고 지내라고, 밥해 주러 할머니가 오실 거라고 하면서. 엄마는 곧 돌아오실 거라며 달랬지만 아이는 도리질을 했다. 아이를 데리고 강의실로 들어오니 1학년짜리 제 동생이 눈치를 챘던지 금세 얼굴이 일그러지면서 내게로 다가왔다.

"엄마 갔대요?"

1학년짜리 동생아이가 동그란 눈으로 나에게 묻는 말이 그러했다. 두 아이는 며칠 전부터 그런 낌새를 알아챘던가 보다. 동생은 오빠의 대답도 듣기 전에 울음을 쏟아냈다. 울음소리는 교실 안의 소리를 무겁게 덮어 눌렀다.

쉬는 시간이 끝나서 오빠는 제 강의실로 가고 1학년짜리 동생은 내 강의실로 들어왔다. 그치지 않는 울음을 삼키면서 연필을 고쳐 잡는 아이가 안쓰러워서 지갑에서 천 원짜리 한 장을 꺼내 주었다. 가끔 나에게 와서 "백 원만 주세요." 하고 손을 내밀던 아이라서 지폐 한 장으로 슬픔을 재우려고 했다. 내가 해 줄 수 있는 일은 그뿐이었다. 하지만 천 원짜리 지폐로 재울 수 있는 슬픔이 아니었던지 아이는 받지 않았다.

"우리 엄마 돌아올까요?"

동그란 눈으로 묻는 아이의 물음에는 웃음밖에 달리 답이 없었다.

이튿날부터 오누이는 무표정한 얼굴로 자리에 앉아서 공부만 했다. 누군가 공부 잘하고 있으면 엄마가 돌아올 것이라는 말을 해서였는지도 모른다. 울음을 한가득 담고 있는 얼굴을 마주 보며 밥은 먹고 왔느냐, 엄마 돌아오셨냐고 물어보고 싶었지만 도리어 상처를 덧들일까 봐서 입안에 가두고 말았다.

며칠이 지나서였다. 어머니와 주고받은 편지글이 지문으로 나온 문제를 푸는데, 고개를 숙이고 있던 아이의 어깨가 들썩거렸다.

"우리 엄마는 아직도 안 오셨단 말예요!"

등을 어루만지는 내 손을 뿌리치면서 울음 섞인 목소리로 항변하듯 말했다.

오늘은 그 아이들과 떨어져 있는 토요일이다. 숙제를 핑계로 전화를 걸었다. 아이들의 엄마는 아직도 부재중인 것 같다. 전화를 끊고 울먹이는 두 아이의 얼굴을 그리는 사이 어느덧 현충원 주차장이다. 잔디밭에 핀 제비꽃도 양지꽃도 방울방울 눈물로 보인다.

주차장 한편에 매점이라고 쓴 건물 안으로 들어가니 현란한 꽃 무더기에서 이번에는 통곡소리가 나는 것 같다. 자식을 묻고 돌아서서 떨어지지 않는 발길을 돌려야 했던 어미의 피 울음이 썩지 않는 플라스틱 꽃으로 피어서 복받치는 설움을 토해내고 있는 것이리라.

사병묘역으로 가니 질서정연하게 늘어선 묘비들이 현기증을 일으킨다. '육군 일병 ○○○의 묘' 라고 새겨진 비석 모서리에 일흔아홉에 돌아가신 고모의 이름이 작은 글씨로 새겨져 있다. 스물다섯 살에 지아비를 전쟁터에 바치고 낳았다는 유복자遺腹子가 그 비석을 닦는다. 아니 어루만진다. 얼굴도 모르는 아버지보다 어머니를 그리는 마음에서일 것이다.

생전에 고모께서 하셨던 이야기 중에 비문처럼 내 기억에 새겨진 대목이 있다. 어미가 제대로 먹지 못해서 나오지 않는 젖을 물고 보채는 어린 자식을 더는 볼 수가 없더란다. 그래서 아기의 기저귀를 잘라 숭덩숭덩 꿰매어 곡식 담을 자루를 만들었단다. 당시 시골에서는 돈보다 곡식으로 물건을 사고팔았다니 금고를 준비한 셈이다. 고모는 자루를 허리에 차고 아이를 둘러업었다. 밑천도 변변찮은 보따리장삿길에 나선 것이었다. 그저 수줍기만 하던 새댁에게 세 자매는 그런 용기를 안겨 주었던 것이다.

고모의 지극한 보살핌으로 세 자녀는 나름대로 알차게 인생을 꾸려 왔고, 이제는 자식에다 손자까지 데리고 와서 묘비 앞에 잔을 올리고 있다. 참배의식을 끝낸 가족들은 둘러앉아서 생전의 고모 이야기로 웃음꽃을 피워낸다. 장사 보퉁이 이고 다니며 자녀를 길러 낸 모정이 피운 꽃송이들이다.

그런데 눈물바람 두 아이의 웃음꽃은 누가 피워 주나? 아이의 육신은 탯줄이 끊기면서 모체와 분리되지만, 마음의 탯줄은 그대로 남아서 끊임없이 어미의 사랑을 수유授乳하며 자란다. 그렇게 자란 아이라야 윤기 있는 웃음꽃을 피울 수 있다.

하하 호호. 묘비에 부서지는 햇살 같은 웃음꽃 위로 두 아이의 눈물방울이 뱅글뱅글 매암을 돈다.

오리발

월요병이라는 말이 있다. 병이라는 말까지 붙는 것을 보면 월요일이 무척 힘든 하루인가 보다. 아무런 구애도 받지 않고 지내는 아이들의 경우는 더욱 중병이나 다름없을 것이다. 주말에 흐트러진 생체리듬을 원래로 되돌리는 과정이니 말이다. 그래서 월요일이 되면 신경이 곤두선다.

수학 시간이었다. 왼쪽 아이에게 주목하다 보면 오른쪽 아이들이 소곤거리고, 판서를 하고 뒤돌아보면 지우개 쪼가리가 날아다녔다. 학생이 부산하거나 산만할 때는 관심을 주지 않고 무시하다가, 그 학생이 설명에 주의를 기울일 때 칭찬해 줘야 한다는 이론은 알고 있다. 그러나 이론과 실천이 어디 일치하던가. 소란스런 아이들을 어르고 타이르다 보니 그 시간 분을 종료하지 못한 채 한 시간이 끝났다. 수업의 흐름은 전개에서 종결로 개운하게 매듭이 지어져야 하는데 종결 과정이 마무리 되지 못한 것이다. 하지만 대기하고 있는 다른 그룹 학생들을 지도해야 했다. 하는 수 없어 다음 시간에 보충해 줄 셈으로 옆에 붙어 있는 빈 강의실로 안내해서 자율학습을 지시하고 다음 학년을 맞이했다.

교사의 눈앞에서도 주의 산만한 아이들이 자율학습이라고 차분히 앉아서 공부할 리 없다. 옆 교실에서 다른 그룹 학생들하고 한창 수업을 하는데 천둥치듯 요란한 소리가 들렸다. 어쩔 수 없다. 30센티미터 자를 들고 들어갔다. 두 녀석은 그때까지도 바닥에 뒤엉켜 뒹굴고 있었다. 책상을 탕탕 쳤다. 그제야 폭풍 속 같던 강의실 안이 잠잠해졌다.

"눈 감고 떠든 사람 손들어요!"

녀석들은 일제히 손을 번쩍 들어 올렸다. 떠들지 않았을 것 같은 아이도 들었다. 평소에 말이 없던 아이였기에 물었더니

"죄송합니다. 하도 웃겨서 참을 수가 없었습니다."

라며 눈을 감은 채 고개를 떨구었다. 순진무구한 모습이 하도 귀여워 하마터면 웃음이 나올 뻔했다.

그런데 여덟 명의 번쩍 든 손에서 왜 여덟 개의 오리발이 떠올랐을까. 단순히 우연한 숫자의 일치로? 그건 아닐 것이다.

이야기는 우리 고장 어느 기업인 정치가에게로 돌아간다. 재력에다 명예인으로 남들이 모두 선망하는 대상이었다. 그런 그가 갑자기 세상을 떠났다. 가면서 이름 여덟을 적고 그들로부터 당한 억울함을 유서로 남겼다. 그 쪽지가 언론을 통해 세상에 공개되었을 때 나 또한 적잖이 충격을 받았다. 쪽지의 여덟 명이 장차 치를 대가를 생각하니 간 사람 못지않게 남은 사람도 딱하다는 측은지심이 곁들여지는 것이었다. 기업인도 정치인도 아닌 소시민이지만 내 일인 양 불안하기도 했다. 그러나 바로 다음 날 보도 내용을 보고는 오물통에 빠진 기분이었다. 쪽지의 여덟 명이 한결같이 모르쇠로 언론에 오리발을 내밀었기 때문이다. 누구 말을 믿어야 하나.

손을 번쩍 든 아이들에게서는 사사로운 욕심이나 가식이라고는 찾아볼 수 없었다. 월요일에 산만한 것은 몸의 상태에 따른 자연스러운 반응 아닌가. 지난 주말에 고향에 가 농사일을 돕느라고 몸을 혹사하고도 아무렇지도 않은 척 일상에 복귀한 내가 오히려 이치를 거스르는 게 아닌가. 나는 고결한 성역에서 있는 저급의 오염된 이방인이란 생각이 들었다. 어른이라는 사실로 부끄러웠다. 내가 이 아이들에게 야단칠 자격이 있나. 굳이 벌 공부까지 시켰어야 했나. 아이들이 손을 들고 있는 것도 모르고 나는 도망치듯 그곳을 빠져나왔다.

냉면의 교훈

하루하루는 만남과 헤어짐으로 이어진다. 보고 싶은 사람을 기쁜 마음으로 만나기도 하지만, 그렇지 못한 사람과도 어쩔 수 없이 만나야 한다. 붙잡아도 떠나는 사람이 있고 만나려 하지 않아도 다시 만나게 되는 사람도 있다.

문학행사가 있는 날이었다. 지면에서 정을 쌓은 사람들을 직접 만날 수 있다는 생각에 며칠 전부터 달력에 동그라미를 쳐놓고는 날짜를 헤아리며 기다린 행사였다. 설레던 그날 아침, 일어나자마자 대중목욕탕으로 가서 두 시간 남짓, 개운하게 일상의 때를 씻어내었다. 그리고는 새로 마련한 치마에, 말끔히 세탁한 재킷을 받쳐 입고 나섰다. 행사장에 이르니 다른 사람들도 내 마음과 같았는가. 한결같이 산뜻한 차림에 밝은 표정으로 인사를 건넸다. 나도 얼굴 가득 웃음을 지었다.

그런데 저 아래에서 전해오는 묵직한 팽만감이 웃음 끝을 번번이 잘라버리는 게 아닌가. 아침 일찍부터 서두르느라 비울 기회를 놓쳤기 때문이었다. 비워야 할 것을 담고 있으려니 말 그대로 '똥 마려운 강아지 꼴'이었다. 공연히 조급하고 불안했다. 화장실 로고가 눈에 띄면 맥박이 더욱 빨라졌다.

바삐 이어지는 일정 사이사이에도 기회를 보아 두어 번 시도해 보았다. 그러나 부끄럼이 심해서 남 앞에서는 모습을 드러내지 않는 그것은 그날따라 더욱 낯을 가렸다. 인기척이라도 나면 안으로 숨어버렸다. 잊은 듯 돌아다니다 보면 슬그머니 직장 벽을 건드려 배변 반사를 시도하고, 어렵사리 자세를 취하면 쏙 들어가버리는 숨바꼭질이었다.

비울 것을 비우지 못하니 채우는 일에도 차질이 생겼나. 좋은 사람들과의 즐거운 자리이니만큼 웬만하면 식욕이 당기련만 끼니때가 되어도 도무지 입맛이 없었다. 그렇게 개운치 않은 기분으로 하루를 마감하고 여섯 명이 자는 단체실에서 잠자리에 들었다.

다음 날 새벽, 눈을 뜨자마자 어슴푸레 보이는 화장실 문을 더듬어 살그머니 손잡이를 돌렸다. 그런데 어머나! 손잡이는 견고히 고정되어 돌아가지 않았다. 나보다 한발 앞선 사람이 있었다. 할 수 없이 자리로 돌아와 문이 열리기를 기다리는데, 또 한 사람이 부스스 일어나더니 비척비척 화장실로 향하는 게 아닌가. 할 수 없이 그에게 두 번째 순서를 양보하고 세 번째 가서야 어렵사리 자세를 취할 수 있었다. '오늘은 꼭 해내리라.' 다짐했다. 전날 걸렀으니 당연히 그리되리라 믿었다. 그러나 민감한 눈치에 알량한 교양까지 갖춘 그것은, 밖에서 기다리는 네 번째 룸메이트의 기척에 또 꼬리를 감추고 말았다. 아랫배는 점점 팽창해 오는데 방귀 한번 내보내지 않았다. 번들거리는 시커먼 얼굴로 굳기를 더해갈 그것을 원망하며 네 번째에게 자리를 내어주고 말았다.

그날 일정은 문학 기행이었다. 아침을 먹는 둥 마는 둥 하고는 일행에 섞여 길을 나섰다. 이틀째 하복부의 팽창감에 시달리다 보니 머리는 띵하니 혼미하고, 아침인데도 무덥기만 했다. 사람들은 때때로 환호성을 지르며 관광에 열중했지만, 내 눈에는 별것도 아닌 것으로 보일 뿐이었다.

그렇게 한참 걸었을 때 저만치 나지막한 건물에 붙은 파란색 남자와 빨간색 여자 그림의 로고가 번쩍 띄었다. 앞사람들은 대열을 유지하며 무심히 그 옆을 지나쳤다. 이때다 싶어 슬그머니 비켜났다. 일행의 시선을 피해 건물 안으로 들어갔다.

다행히 건물 안은 조용했다. 편안한 마음으로 한꺼번에 이틀분을 쏟아낼 수 있었다. 손을 씻은 후 손바닥의 물기까지 탁탁 털어내고는 건물 밖으로 나왔다. 과연 '뒷간 갈 때와 나올 때'는 천지 차이였다. 조금 전까지만 해도 끈적끈적 달라붙던 무더위는 간데없이 상쾌하고, 축 늘어졌던 나뭇잎은 진초록으로 생명력 넘쳐 보였다.

점심은 주막에서 간단히 먹게 되었다. 그러나 나에게는 진수성찬 못지않았다. 얼음 동동 뜬 냉면 사리를 두어 젓가락에 해치우고는 국물까지 다 마셨다. 그러고도 모자라 젓가락을 놓지 못하고 김치 보시기를 두어 번 집적거렸다.

어디 뱃속뿐이겠는가. 보이는 사물이나 느끼는 현상은 투사된 내 마음이 되돌아오는 것이라는데, 진즉 잊어야 할 사소한 상처를 마음의 변으로 담고 있었기에 그동안의 만남과 헤어짐도 원만하지 못했던 것 아닌지. 만나는 모든 사람이 기다렸던 사람이고 붙잡고 싶은 사람이길 바란다면 마음도 비워야겠다.

도량이 넓지 못한 나에게는 잊는 일도 누는 일만큼 만만치는 않을 터, 이틀분을 쏟아내고 나무그늘 평상에서 들이켜던 기막힌 냉면 맛의 교훈을 표구하여 내 마음 벽에 걸어 놓아야겠다.

함양제의 가르침

옆 강의실에서 비명 같은 함성을 질러댔다. 쪽지시험을 보려는 모양이었다. 선생님이 쪽지시험을 준비하면 아이들은 그렇게 소리를 지르며 싫다고 한다. 자신의 실력을 알량한 수치로 환산하여 친구들 앞에 공개하는 것이 유쾌하지는 않을 것이다. 더구나 점수가 좋지 않으면 틀린 문제를 다섯 번씩 쓰는 벌 공부도 해야 할 테니까. 점수를 높여야 하는 학원의 속성 때문에 어쩔 수 없이 그렇게 하고는 있지만, 아이들에게 늘 미안하다. 그래서 시험이 있었던 날은 문 앞에 서 있다가 돌아가는 아이들에게 사탕이나 과일 등 내 주전부리 감을 나누어 주며 미안함을 얼버무리기도 한다.

그런데 그나마도 못했다. 멀리 거창 함양제에서 우리 가족 모두 무조건 오라는 재촉이 있었기 때문이다. 시험 치르는 아이들을 뒤로하고 학원 문을 나섰다.

마침 단풍철이라 가는 곳마다 차량 행렬이 길을 막았다. 겨우 덕유산에 다다르니 이미 해가 져서 자동차 불빛만으로 산자락을 더듬어 거창 위천천 변에 도착했다. 적막한 어둠에 물소리만 청아했다. 소리의 근원지를 찾아 두리번거리는데 희미한 손전등 불빛이 다가왔다. 벌써 마중 나와 있었다며 초대해 준 분이 반갑게 맞아 주셨다. 아름드리 소나무 숲을 지나 야트막한 기와집에 도착한 것은 예정보다 많이 늦은 시각이었다.

마당에 피워 놓은 모닥불도 지쳤는지 사위어가고 있었다. 서너 개비 장작을 더 얹고 자릴 잡았다. 어디선가 단내가 풍겨왔다. 우리를 기다릴 동안 식어가는 밥을 데우고 또 데우느라 태운 모양이었다. 덜 탄 곳으로 골라 한 그릇 퍼 주신 단내 나는 밥을, 마당 가에서 뜯은 배춧잎에 싸서 게 눈 감추듯 해치웠다.

주위를 둘러보았다. 처마 밑에 함양제라고 쓴 단아한 현판이 눈에 띄었다. 한눈에 오래된 건물임을 짐작할 수 있었다. 그곳은 조선 시대, 개울 건너편에서 후학을 가르치던 요수 신권 선생께서 머무르던 곳이라 한다. 총장 사택인 셈이다. 아름드리

춰을 구해 기둥을 세울 정도로 정성을 들인 어마어마한 규모의 서원에 비하면 너무나 작은 건물이다. 당시 사설교육기관 수장이 머무르던 곳인데…. 대궐 같은 집에 살면서 온갖 비리로 세간을 시끄럽게 하는 어떤 사학 대표가 떠올라 잠시 씁쓸한 기분이었다. 작은 학원을 운영하는 나의 아파트에 비해도 초라하기 이를 데 없는 규모이다.

솔잎을 태워 군불을 때니 손바닥만 한 방은 금세 잘잘 끓었다. 당대 명문장가로 이름 높았던 요수 선생께서 주무시던 아랫목에 내 몸을 뉘여봤다. 발이 벽에 닿을 듯 옹색했다. 선철은 떠난 지 몇백 년이 흘렀지만, 조그만 아궁이, 손때 묻은 문고리, 오랜 발길에 닳아 윤나는 문지방 등이 그대로 남아 사욕 없이 후학 양성에 매진했던 그의 정신을 전해 주고 있었다.

잠으로 보내기엔 아까운 시간이기에 마당으로 나와 모닥불에 마른 솔잎을 더 얹었다. 어느새 밤이 깊어 하현달도 소나무 끝에서 졸고 있었다. 요수 선생께서도 이곳 달이 좋아 마당 가운데 있는 바위에 자주 오르셨다 한다. 달뿐 아니라 떠오르는 해도 그곳에 맨발로 올라 맞으셨단다. 그러고 보니 서원 건물과 달리 함양제만 동향집이다.

나도 바위에 올라봤다. 어스름 달빛 아래 담 너머에 정자가 보이고, 정자 밑을 흐르는 구연계곡 가운데 커다란 거북바위가 있고, 그 건너 서원과 부속건물들이 웅장하다. 대문을 나서니 물소리가 더 또랑또랑했다. 어느 음악이 그보다 더 아름다울까. 물소리에 취해서인가. 내 마음이 순해지고 시야의 모든 것이 평화로웠다. 가르치는 사람은 늘 그런 상태이어야 할 것 같다. 허둥지둥 쫓기면서 학원을 운영하는 나를 그곳에 초대한 분의 뜻이 무엇이었는지 알 것 같았다.

다음날, 잠깐 눈을 붙인 정도였는데 아침에 일어나니 몸이 가뿐했다. 수백 년 노송이 걸러 준 공기를 마시고, 그 솔잎을 태워 달군 구들방에서 여독을 풀었기 때문인 것 같았다. 지난밤의 흐뭇함을 반추할 틈도 없이 주인은 재촉하며 쪽문 밖으로 내몰았다. 전날 밤 달빛 아래서 신비롭기만 하던 주변이 아침 햇살에 다른 모습을 드러냈다. 바로 앞 요수정에 오르니 신선이 부럽지 않았다. 발아래 옥수와 기암절벽, 늙은 소나무 숲, 찬란한 햇빛, 경쾌한 물소리…. 신권 선생께서 그곳에서 후학을 가르치시기도 하고 시를 읊기도 하셨단다. 우리 학생들도 그런 곳에서 공부하면 시시하게 '왕따' 따위로 시간 허비하지 않고, 바르고 유능한 인재로 자랄 수 있을 것 같았다. 나 또한 그런 곳에 살면 요수 선생처럼 위대한 교육자나 대문장가가 될 수 있겠다는 오만에 젖어보기도 했다.

정자 밑은 넓은 암반으로 이루어졌는데 그 위를 수정 같은 위천천이 흐르고 한쪽에는 커다란 거북바위가 자리 잡고 있다. 당시 야외학습장이었단다. 안내자는 나를 바위 한가운데 앉으라 했다. 음각된 글자가 있어 오른쪽부터 읽어 석반연이라 했더니 대형 벼루 연반석이란다. 그러고 보니 죽 둘러앉아 먹을 갈면 가운데로 먹물이 흘러 고일 것 같았다. 후학들이 둘러앉아 먹을 갈고, 그 먹물을 듬뿍 찍어 일필휘지하는 모습이 그려졌다. 바위를 가로질러 너비 한 뼘 정도 갈라진 틈으로는 맑은 물이 흐르는데 '세필짐'이란다. 글을 다 쓰고 나서 그곳에서 붓을 헹궜다나. 신기하기만 한 학습장이다. 연반석 옆에 꽤 큰 석굴이 있는데, 그곳 오목한 자리에 막걸리 한 말을 채워 넣고는 제자들이 지은 글을 스승이 심사했단다. 아주 잘 지은 이에게 막걸리 한 바가지를 내렸는데 그 술에 취해 횡설수설하는 수재도 심심찮게 있었다고 한다. 멋과 낭만이 있고 또한 편리하기도 한 야외 학습장이다.

멀리 보이는 문루의 이름이 관수루란다. 관수觀水는 '맹자'에 "물을 보는 데 방법이 있으니 반드시 그 물의 흐름을 봐야 한다.

흐르는 물은 웅덩이를 채우지 않고는 다음으로 흐르지 않는다."라는 문구에서 따온 말이란다. 아이들을 좁은 강의실에 가두어 놓고 시험에서 1점이라도 높은 점수를 받기 위해 닦달하는 우리 학원과 너무나 대조적이다. 혼잡한 도심에서는 감히 흉내도 낼 수 없는 학습장이지만, 그래도 강의 방법이라도 더 고민해야 할 것 같다. 돌아가거든 쪽지시험 안 보겠다고 난리치는 아이들의 뜻부터 들어줘야겠다고 다짐했다. 석굴의 막걸리 대신 냉장고에 주스라도 가득 채워 요수 선생의 낭만도 흉내내보고 싶었다. 강사로서 원장으로서 정기적으로 연수교육을 받아왔지만, 함양제의 가르침만큼 절실하지는 못했던 것같다. 1박 2일의 뜻하지 않은 값진 연수였다.

03

솔로몬의 지혜

날밭에서 잡힌 석동무니

첫모 방정에 새 까먹는다는 말이 있다. 그런데 그날은 첫모도 두지 못했으면서 방정을 떨어 '새 까먹'고 말았다.

문학세미나 공식 일정이 끝나고 행사장 박수 소리의 여운을 그대로 간직한 채 숙소에 들었다. 무언가 모자란 듯 허기를 느꼈지만, 창밖을 내다보는 것 말고는 마땅히 할 것도 갈 곳도 떠오르지 않았다. 어느 버스 종점에 홀로 내린 막막한 느낌으로 우두커니 서 있는데, 평소 조용하기만 한 김 선생님께서 들어오셨다. 마치 내 마음을 읽기라도 한 듯 빙그레 웃으시더니 가방을 뒤적거려 두 손바닥 넓이의 말판을 펴 놓으셨다. 그래도 그렇지, 모처럼의 외숙인데 방 안에 틀어박혀 윷놀이나 하잔 말인가. 시큰둥했다.

"보통 윷과는 달라요. 천당도 있고 지옥도 있어요."

천당이라는 말에 솔깃하여 말판을 보니 희로애락이 다 쓰여 있었다. 그중에 '잉태'라는 글자에 눈길이 머물렀다. 아무것도 먹을 수 없고 아무리 애를 써도 배설할 수 없는 입덧을 기꺼이 견디던 열 달, 환희의 잉태를 윷판에서 다시 경험할 수 있다고? 솔깃하여 말판에 다가앉았다. 같은 방에 배정받은 두 사람도 끼어들어 윷가락을 하나씩 던져 편을 가르고는 난데없이 윷판이 벌어졌다.

말이 가야 할 길을 정해 두고는 기도하는 마음으로 윷가락을 던졌다. 그럴 때마다 우리 편은 "돗긴, 모!" 하며 애타게 격려를 보내는가 하면, 저만치 물러나 앉아 두 손을 모으기도 했다. 상대편은 "뒷도, 뒷도!" 하며 고함을 지르고 손뼉을 쳐대며 혼을 빼놓았다.

그러나 어느 편의 장단에 춤을 출 것인가. 윷가락은 제멋대로 자빠지고 엎어지며 나 잡아 잡수, 하고 윷배를 내밀기도, 시치미 뚝 떼고는 돌아눕기도 했다. 때로는 낙으로 객기를 부리기도 했다.

말 하나가 스무 밭을 돌기 전에 '천당'에 이르러 수월하게 나고는 두 번째 말이 개밭에 올랐다. 용케 안 잡히고 살아남아 세 번째 말을 맞이했다. 업고 가잔다. 다음에 걸이 나와 앞서 가던 상대 말을 잡고는 모 한 사리에 도를 쳤다. 사기가 왕성해진 우리 편은 의기투합하여 석동무니로 말판을 돌게 되었다.

반면 상대는 생윷으로 네 말이 뿔뿔이 흩어져 앞서거니 뒤서거니 공격해 왔다. 어느 말에게 잡힐지 몰라 조마조마했다. 한 방에 대박을 노렸던 과욕을 탓해보기도 했지만 엎어진 물그릇이니 어쩌랴.

목구멍에서 단내가 올라올 때쯤이 되어서야 가까스로 날밭에 도착했다. 이제 도만 나오면 이긴다. 그러나 던지기만 하면 나와서 기를 죽이던 도가 모두 어디로 간 건가.

“도, 도! 제발 한 번만!”

그러나 윷가락을 던지는 것은 내 마음이지만, 떨어지는 것은 온전히 윷가락 마음이다. 누구도 예측할 수 없는 윷가락의 그런 ‘제멋대로’가 오히려 짜릿한 매력인지도 모른다. 결과가 뻔하다면 무슨 재미가 있겠는가. 신이 인간에게 준 가장 큰 축복은 내일을 베일 속에 가려놓은 것이라고 하지 않던가. 학생들이 시험 치기를 좋아하지 않는 것도 어쩌면 결과가 뻔한 이유에서인지도 모른다. 시험지는 무리수도 에누리도 없이 수험생이 노력한 만큼만 점수를 주지 않던가.

목이 쉬도록 외쳐도 도는 안 나오고 그토록 기다렸던, 이제는 필요 없는 윷, 모만 주책없이 나왔다. 그러는 사이 상대 말이 뒤를 바짝 쫓아오고 있었다. 드디어 상대 외동과 우리 석동무니가 날지와 날밭에 나란히 섰다. 마지막 기회였다. 우리가 도를 치면 이기는 것이고 상대가 도를 치면 우리 석동무니가 잡히는 판이었다. 기도하는 마음으로 윷가락을 던졌다.

개였다. 그리고는 그렇게도 기다리던 도가 나왔다, 우리가 아닌 상대편에서! 그들은 일어서서 환호성을 울리고 우리는 엎어지고 자빠지는 윷가락처럼 방바닥을 치며 나뒹굴었다.

한바탕 야단법석이 끝난 후 미리 펴놓았던 이부자리에 상자 안의 윷가락처럼 나란히 누웠다. 딱 한 번만 더 놀아보고 싶은 마음이 간절하여 잠이 오지 않았다. 석동무니로 내달리던 말만은 고쳐 놓고 싶었다. 옆자리에서 잠든 상대편의 뒤척이는 소리가 미련을 부채질했다.

아쉬운 것이 어디 윷놀이뿐이랴. 딱 한 번 뿐이기는 우리의 삶도 마찬가지이다. 주어진 것은 오로지 네 말과 말판 하나. 윷가락에 운명을 맡기고 날밭을 향하노라면 '천당'의 기쁨과 사랑의 결실 '잉태' 환희를 맛보기도 하지만 곳곳에서 기다리는

'지옥'의 밭도 지나야 한다.

내 인생의 말은 어디쯤 와 있을까. 쫓기는 이 느낌은 무엇인가. 이러다가, 윷놀이 끝내고도 천정에 말판을 그리며 잠 못 들듯 인생놀이 끝내고도 구천을 떠돌며 영면하지 못하게 되는 건 아닐까. 혹여 아직 달지 않은 말이 있다면 이제부터라도 단동무니로 느리게 가고 싶다.

운명일랑 하늘 높이 던져 놓고 겅중겅중 춤추며 한바탕 놀다가도 좋으리. 어차피 놀이가 끝나면 너나 없이 훌훌 털고 두어 평 영면의 잠자리로 돌아가야 하지 않던가.

아쉬움에 꼬리를 물던 생각은 옆 사람이 코를 골아댈 때쯤이 되어서야 마무리가 되고 천정에서 어른거리던 윷가락도 희미하게 사라져 갔다.

정답과 진실

사무실 문을 여니 방 안에 웃음이 가득했다. 창가 하얀 용담꽃에서 피어나는 웃음이다. 낙엽이 다 지도록 새치름히 입을 다물고 있다가 서릿바람과 함께 한 송이가 피어서 적적한 공간을 가득 채웠다. 대부분의 용담꽃은 쪽빛인데 이건 잡티 하나 없는 순백이다. 국화처럼 화려하지도 않고 도라지꽃보다도 작은 홑겹에 통꽃이다. 고향 뒷산에는 이런 꽃이 들국화와 함께 어우러져 피었다. 꽃을 들여다보노라니 그 안에서 그때 그 사람들의 얼굴이 동화처럼 피어났다.

꽃송이에서 하나하나 웃으며 나오는 고향 친구들과 이런저런 이야기를 하며 혼자 웃고 있는데, 아이들이 들어오더니 꽃

이름이 뭐냐고 물었다. 알고자 해서 묻는 게 아니고 까마득한 고향 뒷산에서 산책하고 있는 내 의식을 저희에게 끌어가자는 속내였을 게다. 둘러선 아이들의 얼굴을 더듬어 가던 나는 경민이하고 눈을 맞추었다. 그날도 친구들의 울타리 밖에서 손가락을 입에 물고 서 있었다.

"어, 돼지 왔네."

아이들의 말은 며칠 만에 만났다는 반가움이 아니고 사무실에 들어와서는 안 될, 진짜 돼지가 들어왔다는 놀라움의 표현처럼 들렸다. 어째서 '돼지'라고 부르는지는 모르지만 아이는 별명대로 돼지 취급을 받는다. 그러한 영민이 또한 내가 있을 자리가 아니라고 생각했던지 고개를 숙이고 사무실 밖으로 나가는 것을 안쓰러워서 뒤쫓아 나가자 복도 끝에서 돌아서더니 느닷없는 말을 했다.

"우리 할아버지 농약 먹고 돌아가셨어요. 사람들은 죽은 줄도 몰랐대요."

그동안의 결석 사유를 그런 식으로 밝혔다. 그런 상처를 안고 있는 아이에게 같은 교실에서 공부하는 친구들은 '돼지 왔다.'는 인사가 고작이었다.

그 상처를 덧들이는 또 한 사람, 경민이를 맡은 담임선생님이었다. 담임선생님은 그동안 못한 것 보충해야 한다고, 아이의 손목을 잡고 강의실로 들어갔다. 저의 엄마가 일터에서 돌아올 때까지 데리고 있어야 하는 아이이다. 학원에 처음 등록하러 왔을 때 아이 엄마가 그랬다. 학원에서 무엇을 가르치며 어떻게 가르치는지 묻는 게 아니고 몇 시까지 맡길 수 있느냐는 말부터 앞세웠다. 빈집에 아이 혼자 있는 게 불안해서 학원에다 맡기려고 데리고 온 듯했다. 아이 또한 그냥 학원에만 있으면 된다고 생각하는지 수업시간에도 먼산바라기 아니면 손장난이 고작이었다. 그러다가 쉬는 시간만 되면 가게로 달음질했다. 엄마가 아이를 떼어놓고 직장에 나가면서 안쓰러워서 용돈을 주어왔기 때문에 그런 버릇이 든 것 같았다. 아이의 입가에는 자주 과자 부스러기 같은 것이 붙어 있다. 그래서 돼지라는 별명을 얻었는지도 모른다.

"이제까지 너를 도와준 친구도 없고 네가 도와준 친구도 없단 말이에요? 누구라도 하나 써 보세요. 어서."

"없는데 어떻게 써요?"

"정말로 아무도 없어요?"

옆 교실에서 영민이와 담임선생님이 옥신각신하는 소리가 들렸다. 궁금해서 들어가 보니 시험지 한 장을 가운데에 놓고

둘이서 입씨름을 하는 것이었다. 틀린 답을 공책에 열 번 쓰는 학교 숙제 때문에 벌어진 일이었다. 담임선생님은 아이의 숙제까지 봐줘야 한다. 어깨너머로 보니 틀린 문제는 '나를 도와준 친구의 이름을 쓰세요.'와 '내가 도와준 친구의 이름을 쓰세요.'였다. 공부하지 않고도 쓸 수 있는 문제였지만 쓰지 않아서 오답으로 처리되었다. 아이들이 끼워주지 않아서 늘 혼자서만 지내는 아이, 아이들에게 부대끼다 못해 울음을 터뜨려야만 괴로움에서 벗어날 수 있는 아이인데 도와주고 도움을 받은 친구 이름을 쓰라니 답답할 일이다. 아이는 끝내 쓰지 않겠다고 버티다가 울음을 터뜨렸다.

그 문제만 아니었다면 100점을 받을 수 있었는데 90점이었다. 그토록 산만한 아이가 그 점수를 받았다면 칭찬을 해 줘야 옳은데 벌로 틀린 문제의 정답을 열 번이나 쓰라고 했으니 화가 날만도 하다. 거기에다 100점 받으면 엄마가 피자 사 주기로 했다고, 입버릇처럼 말해 왔는데 그 두 문제 때문에 피자를 먹지 못하게 되지 않았는가. 아무리 생각해 보아도 이것은 정답 판정을 잘못했거나 문제가 틀린 것이었다. 그런 친구가 없으면 쓰지 않아도 될 물음이 아닌가.

침묵이 정답이 되는 경우는 없을까? 바람 따라 이리 휘고 저리 쏠리는 나뭇가지가 아니고 묵묵히 뿌리를 지키는 고목 등걸 같은 침묵, 그러한 무응답도 정답이 될 수 있다면 경민이는 100점을 받았을 텐데…. 친구가 없어서 침묵으로 답을 말했는데, 그것이 어찌 오답이란 말인가? 그것은 분명 잘못된 문제였다.

세상에는 그런 우문에 대한 오답이 정답이 되는 경우가 허다하다. 사리에 맞지 않아도 우격다짐으로 정답을 정해 놓고 묻는 권력형 우문이 있는가 하면 정답이 아예 없는데 억지로 정답을 만들어서 답하게 하는 모사꾼의 우문도 있다. 답하는 사람들도 그렇다. 정답은 내 안에 따로 두고 이리저리 눈치 보면서 유리한 쪽으로 답을 말하는가 하면 정답을 모르면서 다수를 따라 답을 말하는 경우도 있다. 그래야만 남만큼 실속을 챙길 수 있기 때문이다. 물길 따라 가야 할 배가 산길로 간다는 말은 그래서 나오지 않았던가.

거짓말로 꾸며서 받은 100점과 진실 그대로 비워 두어서 점수가 깎인 90점, 수치를 떠나서 이 둘의 가치를 물으면 누구나 후자 쪽에 무게를 얹어 줄 것이다. 그러나 현실은 불리한 진실 그대로를 외면하고 실리적인 수치 쪽을 택하는 경우가 허다하다.

나는 손등으로 눈물을 훔치는 아이를 뒤에서 끌어안고 귀엣말로 실리적인 답을 가르쳐 주었다.

"나는 앞으로 너를 도울 테니까 너도 나를 도와주기로 하고 내 이름 써. 나를 도와준 친구에도 김용순, 내가 도와준 친구에도 김용순이라고 쓰라고. 내가 피자 사 줄게."

아이가 눈물을 훔치고 배시시 웃으면서 김용순이라는 이름을 썼다. 나는 그러는 아이의 얼굴을 창턱에서 웃고 있는 용담 꽃송이에 담았다.

몇 년 뒤, 서릿바람 속에 피어 있는 하얀 꽃송이를 들여다보며 나는 경민이와 이야기할 것이다, 너는 이 꽃처럼 순백 그대로 답을 쓰지 않아서 내가 너의 친구가 되었다고.

시집 읽기

박달재 못 미처 원서문학관에서였다. 이곳저곳 둘러보다가 오탁번 관장님의 ≪우리 동네≫라는 시집 몇 권이 눈에 띄어서 옆에 매달린 새집 구멍에 지폐 한 장을 욱여넣고는 한 권 들고 나왔다.

집에 와서 여독이 풀리기도 전에 펼쳤다. 고향의 정서를 만끽하며 '우리 동네' 곳곳을 여행하다 보니 〈무인도〉에 이르렀다. 안경과 휴대전화를 잃어버린 시인의

"(전략)/ 명예, 돈, 여자가/ 암초처럼 숨어있는 난바다 헤매다가/ 이제야 찾은 無人島!"

라는 시에서 돈이라는 글자가 점점 커지면서 머릿속이 산만해져서 읽기를 멈추었다. 원서문학관에 흩날리던 분홍 꽃잎 사이를 시퍼런 지폐가 가로지르고 이내 노란 소원지까지 합세하여 시집의 글자들을 흩뜨려 놓았기 때문이다.

노란 소원지는 얼마 전 천안박물관에 다녀온 후부터 마음속에 가시로 박혀 있었다.

천안박물관은 6층에 어린이전시실을 따로 마련하여 어린이들이 유물을 직접 보고 만지고 체험하여 가슴으로 느낄 수 있게 해 놓았다. 마침 양띠 해를 맞아 「八8한 천안, 의기羊羊하게」라는 프로그램을 마련하여, 양처럼 욕심 없이 대의를 위해 희생할 줄 아는 마음을 배우게 한다는 광고까지 하기에 학생들을 데리고 찾았었다. 간 김에 고고실에 들러 사진으로만 보아오던 선사시대 유물들을 실물로 보게 했다. 천안의 뿌리를 알게 하는 역사실, 과거시험에서 멋과 낭만으로 이어지는 능수버들 천안삼거리실까지 해설사의 설명을 곁들여 차근차근 관람하게 해 줬다.

관람을 마치고 내려오는데, 계단 한편에 양의 사진과 조형물이 있고, 그 옆 커다란 게시판에 '새해 소망 적기'라는 글귀도 눈에 띄었다. 학생들은 나보다 먼저 봤는지 우르르 몰려가 노란 소원지를 한 장씩 작성하여 게시판에 턱턱 붙였다. 어떤 아이는 게시판 앞에서 두 손을 모으고 눈을 감기도 했다.

나는 '의기羊羊'해졌을 마음가짐을 기대하며 학생들이 붙여놓은 소원지의 내용을 읽어 내려갔다.

'부자 되게 해 주세요.'

'우리 아빠 돈 많이 벌게 해 주세요.'

'우리 엄마 로또 당첨되게 해 주세요.'

'…….'

누가 적은 글일까. 소원지의 주인들이 궁금했다. 맵다고 호들갑 떨며 떡볶이 먹는 친구를, 물끄러미 바라만 보던 아이일까. 배고프다고 100원만 달라던 하얀 조막손도 떠올랐다. 수강료를 서너 달 못 낸 아이는 불참했으니 아닐 테고….

그런데 유일하게 한 장만은

'평균 90점 맞게 해 주세요.'라고 쓰여 있었다. 글씨체가 독특하여 대번에 주인을 알아차렸다. 칭찬해 주고 싶어서 돌아오는 차 안에서 물었더니

"아빠께서 90점 맞으면 스마트폰 사주신다고 했어요."

라는 게 아닌가. 아이들의 머릿속은 온통 돈으로 꽉 차 있단 말인가. 학생들에게 바른 역사관과 고운 인성을 심어 주고자

사비까지 들여 마련한 행사였는데 소원지를 보고 나니 머릿속이 산만했다.

아이들이 또박또박 적어 붙인 소원지를 이기적 탐욕으로 읽어야 하나. 황금만능적인 배금주의와 사회도덕성의 결여, 빈부격차 등이 만연하는 기성세대의 천민자본주의가 아이들에게까지 전이되었단 말인가.

개 눈에는 뭐만 보인다고 하지 않던가. 고개를 가로저었다. 자신들을 홀로 남겨 두고 밤이고 낮이고 일터로 내달려야 하는 부모님께 무어라도 도움이 되고 싶은 간절함이었을 것이다. 그러므로 그들이 바라는 돈은 시인의 '무인도'에서 그것처럼 진리와 사랑과 아름다움을 추구하기 위한 도구로서의 기능을 가진 쌀이나 옷과 같다.

생각이 거기에 미치자 소원지는 밤하늘의 샛별처럼 고운 모습으로 제자리를 찾아가면서 산만하던 머릿속이 맑아져 나시 시집에 빠져들었다.

망각의 미학

하루 일을 끝내야 할 시각입니다. 창밖에는 벌써 손톱 달이 마중 나와 어서 집에 가자고 재우칩니다.

그런데 요란한 발소리가 계단을 타고 올라옵니다. 가쁜 숨소리도 같이 올라옵니다. 점점 커지더니 문 앞에서 뚝 그칩니다. 사무실 문이 벌컥 열리면서 석이가 원망 어린 시선으로 나를 쏘아봅니다.

"믿을 수 없어요!"

앙다문 입술이 터지면서 쏘는 말이 그랬습니다. 밑도 끝도 없이 무슨 말일까? 어리둥절해 있다가 기억 속을 더듬어 보니 녀석이 낮에 나에게 했던 말이 떠오릅니다.

“제가 집에 갈 때 책가방을 들고 가는지, 놓고 가는지 살펴 주세요. 오늘도 그냥 가면 엄마한테 혼나거덩요.”

간절하게 부탁한 말이었습니다. 물론 그런다고 했지요. 그러나 나의 망각 수준은 석이보다 한 단계 위에 있습니다.

내 죄가 아니고 망각의 죄이지만 나는 미안함을 감추려고 농담을 늘어놓습니다.

“인마, 그게 맨입으로 될 말이냐?”

아이는 그런 농담도 받아들일 여유가 없는지 웃음기 하나 없이 굳어진 표정으로 책가방을 메고 나갑니다. 어두컴컴한 언덕길을 한참 올라가야 할 텐데…. 터덜터덜 걸어가던 아이가 어둠 속에 묻히고 나서야 아이의 뒷모습을 따라가던 시선을 거둡니다.

그래도 퇴근하지 않고 남아 있었으니 그나마 다행이었다는 생각을 합니다. 다급하게 달려왔을 때, 불 꺼진 창에는 괴물이 얼씬거리고 문은 굳게 잠겨 있었다면 그애의 마음이 어떠했겠습니까?

이튿날 아이는 종이컵에 가득 담긴 떡볶이를 불쑥 내밉니다.

“오늘은 꼭이에요. 제발 좀 봐주세요!”

나는 고개를 끄덕이며 떡볶이를 받습니다.

하루가 저물어갈 즈음 녀석이 앉아 있던 의자에는 여전히 책가방이 남아 있습니다. 어제처럼 또 발소리가 계단을 타고 오릅니다. 가쁜 숨을 몰아쉬는 아이의 콧등에는 땀방울이 송골송골 맺혔습니다. 아이는 책가방을 찾아 메고는 나를 한참이나 쏘아보더니 바쁘게 계단을 되짚어 내려갑니다. 뇌물도 소용없다고 혼잣말로 투덜거렸겠지요. 그런 녀석이 어떻게 마음을 돌려세웠는지 몇 계단을 내려가다가 돌아서서 나를 보고 씩 웃습니다. 나도 웃습니다.

나는 그날그날 가르친 내용을 아이들이 잊지 않도록 쪽지 시험을 치고, 오답을 다섯 번씩 쓰게 한 후에야 수업을 마무리하는 버릇이 있습니다. 그런데 아이들이 한 번에 백 점을 맞으면 오히려 걱정스럽습니다. 살다 보면 잊어야만 하는 것도 있거든요. 어쩌면 잊을 수 있기에 살 수 있는 건 아닌지요. 오늘 아침 배달된 신문 48쪽의 정보를 다 기억한다면 아마도 어지럼증에 시달릴 게 뻔합니다. '한국인 사망 실종 20명, 336명 소재 확인 안 돼'를 어떻게 가슴에 담고 산단 말입니까? 만날 수 없는 사람, 생각하면 할수록 가슴이 터질 것 같은 그리움을 잊지 않으면 어찌합니까. 한꺼번에 잊히지 않으면 조금씩 지워가야 합니다. 그러지 못하면 타는 그리움에 가슴은 재가 되고 말 것입니다.

아이는 내일도 책가방을 학원에 두고 갔다가, 내가 문을 막 잠그려고 할 때쯤 다시 돌아올지 모릅니다. 나는 끝까지 녀석의 망각을 부축해 줄 생각은 없습니다. 지금 당장은 야속하더라도 머지않아 잊을 수 있는 것에 고마움을 느낄 때가 올 것입니다.

선생님, 안 들려요

퇴근길에 담장 밑에서 푸성귀를 팔고 있는 할머니를 만났다. 오늘은 꼭지 떨어진 자리에 물기도 채 마르지 않은 싱싱한 애호박과 젖은 흙이 그대로 묻어있는 열무를 갖고 나오셨다. 어머니가 텃밭에서 막 거둬온 것 같다. 몰려든 아줌마들 사이를 비집고 들어가 욕심껏 봉지에 담는데, 호가하는 할머니의 손가락 끝에 "선생님, 안 들려요."하는 여자 애의 애틋한 목소리가 매달린다. 할머니는 귀가 어두워서 아예 듣지 못하는 분이다. 그래서 채소 값을 말로 흥정할 수 없어 손가락을 펴 보이는 분이다.

"자, 정으로 얹어 주닝개 이거 갖다 잡숴. 꼴은 이래도 몸에 좋은겨! 농약이라는 건 냄새도 안 맡았어."

할머니는 상자 안에서 올망졸망한 가지를 듬뿍 집어 덤으로 주셨다. 대형마트 진열대에 있는 것과는 달리 한쪽으로 꼬부라졌거나 흠집이 있어 볼품은 없었지만, 방금 따온 거라 꼭지가 까슬까슬하니 싱싱했다. 파는 채소도 당신이 가꾸는 농작물의 작황 사정에 따라 그때그때 다르다. 언제나 노점을 펼치기가 무섭게 팔아치우고 가시기 때문에 나처럼 출근하는 사람은 좀처럼 만나기도 어렵다. 할머니의 채소가 잘 팔리는 것은 아마도 꼬부라지고 흠집 있는 덤 때문인 것 같다. 상품으로 친다면 몇 푼어치 안 되지만 넉넉한 정을 느끼게 한다. 공술 맛이 더 좋다고 하지 않던가. 투박한 손으로 듬뿍 집어 거저 준 못생긴 가지. 쪄서 무쳐도 좋고 구워서 양념장을 얹어도 좋을 것 같다. 할머니는 비닐봉지를 안겨주며 손사래를 쳐서 나를 돌려세웠다. 그러는 손가락 끝에 매달려 있던 아이의 목소리가 내 귓전으로 옮겨 앉는다. 사무실에서부터 메아리치며 따라오던 소리다.

'겉모습이 대수랴. 싱싱한 데다가 무농약 채소라 하지 않는가. 오늘은 밀가루 묻혀서 들기름에 튀겨 먹어 보자.' 애틋한 그 소리를 지우려고 반찬거리를 생각하지만 좀처럼 떨어지지 않는다.

몇 달 전, 칠판에 도형을 그려가며 평행선의 성질을 설명하고 나니 한 아이가 평행선이 뭐냐고 물었다. 한 번 더 설명해 주었으면 좋았을 텐데 그렇질 못했다. 합일점에 도달하지 못하는 평행선, 각자의 목표를 향해 앞만 보고 달려야 하는 현대인의 각박한 삶이 그렇듯 나는 나대로 진도를 나가야 하니, 이따 따로 설명하겠다는 말로 질문을 일축하고 다음 단계인 평행사변형으로 넘어갔다. 평행선을 모르니 평행사변형을 알 리 없는 아이는 내 말은 아예 들으려고도 하지 않고 손장난을 했다. 주의를 시켜도 여전히 손가락은 귓속을 들랑거렸다. 귓바퀴에서는 딱지가 떨어져 피가 났다. 며칠 후에는 책상 밑으로 다리를 뻗어 옆 친구와 장난을 치다가 내 레이더망에 또 걸렸다. 주의를 시켰더니 이번에도 귀를 후볐다. 다가가 손을 끌어내리며 보니 역시 아이의 귓바퀴 안쪽 피부가 발갛게 벗겨져 있었다. 소독이라도 해 줘야겠다고 생각하며 긴 머리카락을 들추고 살피다가 깜짝 놀랐다. 귓속 구조가 이상했다. 당황한 나는 아무 말도 못 하고 칠판 앞으로 돌아와야 했다.

그 귀로는 칠판 앞에서 하는 내 말을 제대로 들을 수 없을 것이었다. 그런 사정도 모르고 집중하지 못한다고 주의만 시킨 그동안 일이 떠올라 너무나 미안했다. 안 들린다는 아이의 말에 주목시킨답시고 목소리를 더욱 낮췄으니 한쪽 귀가 성치 못한 아이는 얼마나 답답했을까.

그 일이 있은 후로 나는 나름대로 목청을 돋웠지만, 아이는 아이대로 가끔 귀를 후비며 딴청이었다. 어떻게 해야 하나. 그 아이 한 명을 위해 따로 반을 개설할 수도 없는 노릇이었다. 평행으로 달리는 아이와 나를 이어줄 수직선은 없을까. 생각다 못해 앞자리를 권했다. 그러나 오는 순서대로 앉는 규정이 있어 매번 차지하지는 못했다. 뒷자리로 밀려난 날은 내가 그 아이 가까이 다가가서 수업을 진행했다. 강의용 마이크를 사용해 봤지만, 무선마이크를 얼굴에 장착하는 것이 부자연스럽고 다른 아이들이 시끄럽다고 해서 며칠 가다 중단했다.

평행선 사이에 수직선을 걸치다 보니 이번에는 진도에 차질이 생겼다. 나는 고민하고 아이는 다시 귀를 후비며 한 달 정도 지나니 방학이 되었다. 나도 아이도 시간의 여유가 생겼다. 그동안 대충 넘어간 것이 미안하기도 하여 아이만을 위해 따로 수업시간을 마련했다. 아이와 단둘이 책상에 마주앉아 수업하게 되었다. 당연히 아이는 집중했다. 아이의 계산 능력이 뛰어나다는 사실도 그때서야 알게 되었다. 그동안 부진했던 부분을 복습하고도 다른 아이들의 진도를 따라잡는 데 그리 긴 시간이

걸리지 않았다. 방학이 끝나갈 즈음에는 다른 아이들보다 진도가 빨라졌다.

개학이 되자 아이는 다시 원래의 반으로 돌아가야 했다. 오늘도 안 들린다고 했다. 장난도 쳤다. 장난쳐서 안 들리는 게 아니고 잘 안 들리니 장난이나 치자는 속마음이다.

안 들린다고 할 때마다 떠오르는 성치 못한 한쪽 귀, 그러나 이제는 애태우지 않으련다. 진도 좀 늦으면 어떠랴. 학업 성적이 최고 점수가 아니면 어떤가. 굳이 그런 것에 의미를 부여하지 싶지 않다. 그 또한 그대로의 삶이고 그대로의 생애다. 착하고 바르고 인정까지 많은 아이니 장차 어른이 되면 사회의 일원으로 어디에선가 제 몫을 다 하리라 믿는다. 다듬어지고 포장되어 대형마트 진열대에 오른 가지는 시들 때까지 소비자를 기다리다가 유통기한이 지나면 폐기처분되기도 한다. 그러나 할머니의 가지는 싱싱할 때 남김없이 누군가의 밥상에 올라 입맛을 돋우고 내일을 살아갈 에너지가 되어 준다. 오늘 투박한 손으로 집어 준 한쪽으로 꼬부라진 가지 몇 개가 퇴근길까지 따라붙던 아이에 대한 걱정까지 달래 준다.

엄마 되고 딸이 되어

친구 사이에 모녀 관계로 지내는 경우가 있다. 수양어머니, 수양딸이라는 명칭을 붙일 수는 없지만, 하여튼 거기에 근접한 사이다. 이것은 들은 이야기가 아니고 바로 내 곁에 있는, 내가 가르치는 두 아이의 관계다. 이러한 사실을 안 것은 얼마 전이다.

초등학교 5학년 글짓기 시간이었다. '생각 깊이 하기' 과정에서 각자 자신의 어머니에게 쪽지 편지를 쓰는 학습과제가 있었다. 나는 이 과제에 들어가면서 온 정신이 수진이에게 쏠렸다. 몇 해 전에 부모를 한꺼번에 잃은 아이이기 때문이다.

수진이는 티 하나 없이 해맑은 얼굴에다 여자아이답게 조용하고 안존하면서도 가벼운 실바람이라도 스치면 금세 일그러질 것만 같은 인상을 주는 아이다. 나는 아이를 볼 때마다 물봉선화를 떠올렸다. 그늘에 숨어서 자란 나약한 가지에 연분홍 꽃잎이 위태롭게 매달린 모습이다.

그런 아이에게 이런 학습과제를 제시한다면 아물었던 상처를 덧들이는 것 아닌가. 마음 같아서는 건너뛰고 싶은 학습과제였다.

"오늘 아침 우리를 배웅해 주신 어머니께 쪽지 편지를 씁니다. 할머니나 아버지께 써도 좋습니다."

할머니나 할아버지께 써도 좋다는 말은 수진이를 위한 임기응변식 배려였다. 그러고 나서 나의 시선은 다시 수진이에게 끌려갔다. 무관심한 척해 보이려고 애썼지만 나도 모르게 끌려가는 것은 나 또한 어머님을 여읜 몇 년 전의 아픔이 되살아났기 때문이다. 오십이 넘은 이 나이에도 부모를 그리는 마음이 이러하니 꽃샘추위에 떨고 있는 연둣빛 떡잎 같은 수진이야 오죽할까.

수진이의 얼굴에는 물비늘 같은 엷은 무늬가 어른거렸다. 저 얼굴에서 울음이 새어 나온다면 어쩌나? 나도 모르게 손에 땀이 쥐여졌다. 그러나 다행이었다. 실바람이 스치는 듯한 수면

위에 햇살 같은 웃음기가 퍼지면서 뺨에 분홍빛 꽃물이 배어나왔다. 책상에 반듯하게 앉아서 또박또박 글씨를 써내려가는 것이 신통하기만 했다.

자기들이 쓴 글을 발표시켰다. 이제부터 효도하겠노라고 너스레를 떤 아이, 신형게임기를 사달라고 애교를 부린 아이, 왜 동생 편만 드시느냐고 항변하는 아이 등등, 이렇게 아이들의 쪽지 내용은 가지각색이었다. 성주 차례가 되었다. 수진에게 수양어머니 역할을 해 주는 아이이다. 딸의 입장에서 쓴 쪽지가 아니고 수진이라는 딸에게 당부하는 엄마의 쪽지였다.

"내 딸 수진아, 너는 엄마의 꿈이란다. 아무리 어려워도 씩씩하게 살아가자, 소나무처럼 산처럼…."

제법 어른스럽게 쓴 청유형의 편지를 읽었다. 아이들이 까르르 웃었다. 이번에는 딸의 역할을 하는 수진이 차례였다.

"엄마랑 아빠랑 힘들게 일만 하시던 것을 생각하면 마음이 내려앉아요. 저는 땅에서, 어머니는 하늘에서 살지만, 다시 꼭 붙어살고 싶어요."

수진이는 금가지 않은 낭랑한 목소리로 읽었다. 하지만 내게는 엉겅퀴 가시 같은 아픔이 음절마다 전해졌다.

그로부터 며칠 뒤, 복도에서 투다닥 투다닥 뛰는 발걸음 소리에 섞여 엄마를 부르는 다급한 목소리가 들렸다. 서울에서 직장에 다니는 딸아이가 와서 나를 부르는가 해서 벌떡 일어나 문을 열었다. 목소리의 주인공은 내 딸아이가 아니고 수진이였다. 복도 끝에 서 있는 성주를 향해 달려가며 그렇게 부르는 것이었다. 더욱 가관인 것은 엄마 역할을 하는 성주의 태도였다.

"아이고, 왜 이렇게 덜렁대니? 엄마가 너 떼어놓고 어디 도망이라도 가니?"

성주는 팔을 벌려서 수진이를 끌어안았다. 나도 모르게 눈시울이 젖었다. 그래서 나 또한 둘 사이에 끼어들어서 물었다.

"성주가 수진이 엄마냐?"

"예. 용돈도 줘요."

성주 대신 수진이가 대답했다. 언제부터 그렇게 되었냐고 물었더니 친해지고 나서부터 그렇게 되었다고 했다. 애당초 사귈 때 그냥 친구로서 지내자는 것이 아니고 수진이의 아픈 마음을 짚어서 엄마처럼 포근한 정을 두기로 했나 보다.

노란 은행잎이 내려앉은 길을 성주와 수진이가 손잡고 걸어가고 있다. 들은 말이 있어서인지 두 모녀가 시장에라도 가는 양 그런 모습으로 보인다.

서리라도 내리려는지 오늘따라 하늘이 눈 시리게 푸르다. 지는 잎은 바람을 타고 한없는 허공을 맴돌며 무서운 추락의 공포와 자기의 근본이었던 나무에 대한 그리움, 그리고 혼자라는 외로움에 떨고 있을 것이다. 잎 진 앙상한 나무도 그렇다. 나뭇잎이 떨어져 나간 자리의 상처를 안고 나무는 매운바람에 부대끼며 기나긴 겨울을 외로움에 떨며 지내야 한다. 이러한 나무에 철새라도 한 마리 찾아와 가지에 둥지를 틀고 별이 어는 밤을 같이 지낼 수 있다면 얼마나 오붓하고 미더울까.

성주하고 수진이처럼 엄마가 되고 딸이 되어 서로가 믿고 싸안고 위로해 준다면 추운 겨울에도 다사로운 훈기가 서리지 않을까.

솔로몬의 지혜

한 아이가 스케이트보드가 없어졌다고 징징거렸다. 나는 그 말을 듣자마자 반사적으로 아이들의 표정을 훑어봤다. 두 녀석이 보일 듯 말 듯한 웃음을 교환하는 것이 눈에 띄었다. 직관으로 '저 녀석들이구나!' 했다. 오랜 경험에서 얻은 나만의 노하우이다. 그러나 그것만으로 녀석들을 몰아붙였다가는 오히려 잃어버린 물건은 영영 자취를 감추게 될 것이다.

시간이 갈수록 스케이트보드 주인은 안달했다. 꽤 애착을 가진 물건이었던가 보다. 아이는 책상에 엎드려서 속울음을 토해냈다. 찾아 주지 못하면 어쩌나. 수업은 진행하면서도 속이 바작바작 탔다. 마음 같아서는 내 초등학교 시절의 선생님들처럼 학생 모두를 책상 위에 꿇어앉히고 벌을 주어서라도 찾아주고 싶었다. 하지만 빤히 보이는 범인을 두고 그럴 수는 없는 일이었다. 아이들도 무언가 알고 있는지 훌쩍거리는 아이와 시치미를 떼고 앉아 있는 두 아이에게로 시선을 옮겨가며 눈치를 살폈다. 잃어버린 아이만큼이나 가져간 녀석들도 괴로운 심정일 것이다. 이쯤 되면 꼭지가 돌 만큼 익은 과일이다.

"너희가 나가서 찾아 주겠니?"

나는 책에다 눈을 두고 숨어 있는 두 아이에게 부탁하고는 천연덕스럽게 수업을 계속했다. 두 아이는 나간 지 얼마 안 되어 없어졌다는 스케이트보드를 들고 나타났다, 개선장군처럼. 이런 아이들은 어떻게 다루어야 깊은 상처 없이 버릇이 고쳐질까. 잠시 생각하던 끝에 빛살 같은 영감이 떠올랐다. 그렇다. 그것은 신이 나에게 베푸는 영감이었다. 아침 햇살처럼 비치는 신이 하사한 영감으로 나는 스케이트보드를 주인 책상 위에 놓고 들어가는 두 아이를 앞으로 불러냈다. 칭찬을 기대하고 으스대면서 나오는 그 아이들에게 나는 '손바닥 두 대'씩 선물했다. 무언의 훈계였다. 그러는 나는 솔로몬의 지혜 같은 나의 교육방법에 도취해서 얼굴에 미소가 번져 있었을지도 모른다.

나의 매질이 아이의 양심에 제대로 적중했던지 한 녀석은 씨

익 웃고 들어가는데, 광현이라는 아이는 씩씩거리며 땡감 씹은 얼굴을 했다. 이런 아이의 표정은 뭉개야 한다 싶어 나는 외면하고 수업을 계속했다. 그런데 한참 후에 광현이가 벌떡 일어나더니 "제가 훔치는 것 보았어요?" 하고 눈물까지 찔끔거리면서 소리를 질렀다. 난감했다. 못 봤다고 했더니 녀석은 더욱 성질을 내며 책을 내던지고 뛰쳐나갔다. 나의 솔로몬 지혜는 자책감으로 고개를 떨구었다. 자기 잘못을 스스로 깨우쳤으리라 믿은 것이 잘못이었다.

광현이가 나가고 얼마 지나지 않아서 나의 과실에 대한 처벌이 이어졌다. 혼란한 머릿속에 침을 꽂듯 노크 소리가 귀청을 울린 것이다. 광현이 어머니가 들어서고 그 뒤에 아버지까지 얼굴을 내밀었다. 아이가 도둑으로 몰렸다는데 어찌된 일이냐고 따지듯 물어왔다. 할 말이 없었다. 그런 때는 우선 변명할 시간부터 벌어놓아야 하겠기에 수업 중이라고 간단히 몇 마디 해서 내보내고는 수업을 진행했다. 하지만 내 머릿속에는 시위자들의 성난 표정만이 어른거렸다. 어디서부터 얽힌 매듭인지, 어떻게 풀어야 하는지, 도무지 정리되질 않았다. 부모까지 끌어들인 녀석이 원망스럽기도 하고 밖에서 시간을 축내고 있는 부모님들에게 미안하기도 했다.

겨우겨우 수업을 마치자 부모가 다시 들어왔다. 이번에는 위압감마저 들었다. 그러나 녀석을 체벌할 때 미움이나 화를 조금도 섞지 않았기에 떳떳이 맞섰다. 우선 그들의 얘기를 들어주어야겠기에 아무 말도 하지 않았다. 그런데 웬일인지 그들 또한 말이 없었다. 어색한 침묵이 흘렀다. 그러는 중에 눈가에 눈물 자국이 꼬질꼬질한 녀석이 끼어들더니

"잘못했습니다. 용서해 주세요!"

하면서 배시시 웃는 것이 아닌가. 녀석의 웃음은 침묵 속에 갇혀 있는 우리를 헤어나게 했다. 웃음은 웃음을 불러오는 법, 녀석에게서 시작된 웃음은 나와 그들의 부모까지 멋쩍은 웃음을 머금게 했다.

그리고는 '상황 끝'이었다. 결국, 솔로몬의 지혜는 녀석의 웃음이었다.

단감 릴레이

경비실에 택배가 와 있다고 인터폰으로 알려왔다. 멀리 진영에서 초등학교 동창생이 보내온 단감이었다. 얼굴 못 본지도 몇 년 되었는데 기억해 주고 선물까지 보내다니 너무도 황감했다. 단감은 여느 것보다 크고 달았다.

어느 해인가, 우포늪으로 단체 여행을 가서 먹은 바로 그 단감이다. 당시 여행을 계획하고는 사전 답사 전에 여행지 근처 사는 그 친구에게 이것저것 물어봤다. 그곳 지자체 누리집에 들어가면 자세히 소개되어 있고 그 외에도 다른 매체로 얼마든지 정보를 얻을 수 있지만, 책임진 사람으로서 현지 사정도 파악하고 싶어서였다.

혹시 부담을 주는 건 아닐까 염려했더니 아니나 다를까. 당일 현지에 도착하니 숙소로 찾아왔다. 손수 키운 것이라는 쌈채를 곁들여, 아는 어부에게 얻었다며 싱싱한 생선회를 푸짐하게 떠 왔다. 단감도 한 상자 내려놓더니 패인 골을 따라 열십자로 쪼개어 쉽게 깎는 방법까지 가르쳐 주고는 돌아갔다.

예상 밖의 융숭한 대접에 일행들은 '옛날 첫사랑'이 아니고서는 이럴 수 없다며 은근히 나의 과거사를 캐묻기도 했다. 하기야 첫사랑인들 이보다 더 애틋할까. 우리는 박달재 아래 산골 마을에서 함께 자랐다. 학교를 중심으로 나는 청풍호 쪽 산속에서, 그 친구는 귀신이 많이 나온다고 언젠가 텔레비전에 떠들어대던 안경다리 너머에서 한 시간여를 걸어 초등학교에 다니며 국어, 산수보다 배고픔에 대해 먼저 배웠다.

그 친구는 키가 작았고 항상 단정한 까까머리였다. 골바람이 몰아치는 겨울이면 발갛게 얼던 귀, 두 귀를 잡고 농동거리면 남자는 머리카락을 기를 수 없어 불쌍하다는 생각을 했다. 하루는 그 친구가 선생님께 불려 나갔다. 공책을 준비하지 못한 것이다. 사연은 이랬다. 아침에 어머니에게서 공책 값으로 달걀 두 알을 받아왔는데 막상 공책 가게 앞에 도착해 보니 주머니에 고이 넣어 둔 달걀이 껍질만 남았더란다. 돌밭 십릿길을 종종걸음으로 등교하다 보니 그만 달걀이 깨져버린 것이다. 옷이 축축이 젖은 데다가 학교에서도 엄하기로 소문난 호랑이 담임선생님께 야단까지 맞아야 하니 얼마나 떨릴까. 안타까워하면서도 내 공책을 찢어 주지는 못했다.

단감 상자 위로 초등학교 시절의 기억들이 아련하게 이어졌다. 호랑이 같던 담임선생님께서는 가끔 동창회에 나오시더니 이제는 연로하시어 문밖출입을 꺼리신단다. 대신 방송인으로 활동하는, 꼭 빼닮은 셋째 영식을 텔레비전에서 보며 선생님의 건강을 기원한다.

단감을 보내 줘 고맙다고 보낸 문자에 답글이 왔다, "치아 좋을 때 먹어."라고.

요즘 아이들도 우리처럼 수십 년이 지나도록 우정을 나눌 수 있을까. 점수와 등수를 두고 끝없이 경쟁해야 하는 녀석들, 그들도 나처럼 어른이 되었을 때 초등학교 친구들을 떠올리며 그리워할 수 있었으면 좋겠다. 나머지공부하는 친구를 복도에 앉아 기다려 주는 모습을 보노라면 불가능한 일만도 아닐 것 같다.

우리 반 악동들은 내 나이가 되었을 때 지금의 상황을 어떻게 기억할까. 나에게 야단맞은 일이나 떠올리는 건 아닐까. 누구보다도 오늘 나에게 야단맞은 혁이 얼굴이 떠오른다. 낮에는 태양의 고도와 기온과 그림자 길이와의 관계를 꺾은선그래프로 나타내고는 혁이와 한참이나 실랑이를 했다. 나는 고도와 기온의 그래프가 같다고 가르치는데 녀석은 그림자와 고도의 그래프가 같다고 우겼다. 혁이는 그래프의 굽은 정도를 본 것이고 나는 그래프 이면의 변해가는 수치를 가르친 것이다. 다음 장으로 넘어가야 하는데 자꾸 우기니 목소리가 커질 수밖에 없었다. 커진 내 목소리는 찬물이 되어 강의실 분위기를 싸늘하게 식혔다. 3번이 바르다고 우격다짐할 때 일그러지던 녀석의 표정이 사금파리로 다가온다. 그리고 공부하는 아이들을 창문 밖에서 놀자고 소란스럽게 불러대는 녀석들에게도 부끄러운 생각이 든다.

이제라도 방법이 없을까. 녀석들도 이토록 맛있는 단감을 싫어하진 않겠지? 남은 단감을 주섬주섬 옮겨 담아 깨끗이 씻어 놓고 일과를 마쳤다.

잠자리에 들어 하얀 천정에 대고 다짐을 했다. 골 파인 대로 쪼개어 깎으면 쉬울 거야. 사과하는 마음으로 단감 파티를 열어 주는 거지. 우기던 녀석은 보나 마나 배시시 웃으며 하나 더 먹으면 안 되느냐는 너스레로 나를 용서할 거야. 분위기가 좋아지면 단감을 보내 준 친구와 함께했던 내 초등학교 시절

이야기도 해볼까. 녀석들은 마치 옛날로 돌아간 듯 신기하게 여기며 질문을 해대겠지.

꼬리를 무는 상상으로 잠은 저만치 달아났다. 이름도 제대로 기억해 주지 못하는 나를 친구라고, 농사지은 단감을 큰 놈으로 골라 보내 준 초등학교 동창생, 그는 나뿐만 아니라 박달재 밑 산골에서 찔레순, 싱앗대로 허기를 달래던 코흘리개들을 떠올리며 전국 각지로 감 상자를 보냈을 것이다.

그렇기에 나 역시 나누어 주려는 것이다. 요즘 아이들이야 그 옛날 우리처럼 배를 곯지는 않는다. 하지만 단순한 음식이 아니라 나를 향한 그 친구의 정이기에 학생들을 향한 내 정으로 이어가고 싶어서다.

메시지

아침 식사를 준비하는데 스마트폰에서 메시지 도착 신호가 경쾌하게 울렸다. 편지 표시를 눌러 보니

"선생님, 안녕하세요? 저 하람이에요. 오늘 수학여행 가는 날이라서 설레고 떨려요."

라는 글자들이 방글방글 웃었다.

이태 전 헤어진 아이다. 희미한 흑백 영상이 차츰 선명한 천연색이 되더니 눈물바람의 아이가 또렷이 보이고, 그 앞에서 안절부절 서성이는 나도 보였다.

무엇 때문이었는지 그날은 첫 대면부터가 심상치 않았다. 일그러뜨린 얼굴로 발을 쿵쿵 구르며 들어오더니 쌩하니 나를 스

쳐 제자리로 향했다. 이어 늘 붙어다니던 민정이가 머쓱한 표정으로 뒤따라 들어와서는 하람이에게서 저만치 물러나 자리를 잡았다. 평소에는 서로 발표하겠다고 다투어 손을 들던 두 아이였는데 둘 다 고개를 책에 박고 필기만 했다.

냉랭한 1교시가 끝나고 쉬는 시간이 되어 아이들이 몰려나가더니 드디어 일이 벌어진 모양이었다. 어디선가 찢어질 듯 날카로운 고성이 들려오고 이어 토끼 눈의 몇 명이 다급하게 몰려오며 싸운다고 외쳐댔다.

두 아이를 데려다가 자초지종을 물었다. 하람이는 한 번 주었으면 그걸로 끝내야지 왜 돌려달라고 하느냐면서 울먹이었고, 민정이는 네가 하도 갖고 싶어 해서 잠시 준 것인데 그것이 왜 네 소유이냐는 것이었다. 내 칼도 남의 칼집에 들어가면 내 것이 아니라는 속담이 떠올라서 하람이 쪽에 손을 들어주고도 싶고, 케에자르의 것은 케에자르에게 라는 격언도 생각나서 돌려달라는 민정이의 요구를 뭉개버릴 수도 없는 일이라 중재에 나선 나로서는 곤혹스럽기만 했다. 그러나 분명히 말하건대, 나는 하람이 쪽으로 마음이 쏠렸다. 한쪽 남은 단무지를 나누어서 민정이의 짜장면 그릇에 얹어 주는 하람이가 아니던가. 그러한 아이에게 주었던 것을 다시 돌려달라니 좀 야속하다는 판단에서였다. 오른쪽 왼쪽으로 휘감는 칡과 등나무로 만든 인형은 두 사람의 틈바구니에서 갈피를 잡지 못하고 눈만 깜박거리고 있다. 인형 하나를 더 사서 하람이에게 주고 그 인형은 본래의 주인이었던 민정이에게 돌려주라고 하고 싶었다. 그러나 내 생각은 터무니없는 것이었다. 민정이 아버지가 해외에 나가서 산 것이라 쉽게 구할 수도 없을뿐더러 더 심각한 문제는 하람이만 남겨 놓고 물었을 때 그의 입에서 나온 말이었다. "그까짓 인형 돌려달라면 돌려줄 수도 있어요. 하지만 나에게 준 것을 다른 친구에게 주려는 그게 괘씸해서 그래요."라는 그 말. 배신을 배신으로 갚겠다는 하람이 속셈에 나는 당황할 수밖에 없었다.

"하람아, 돌려줘라. 너보다 더 주고 싶은 사람이 생겼다면 돌려주는 게 옳지 않니?"

얼마 동안 고민에 잠겨 있던 내 입에서 튀어나온 말이었다. 오는 사람 내치지 말고 가는 사람 잡지 말라는 금언이 떠올라서였다. 그러나 하람이는 묵묵부답이었다. 그때의 심정으로는 으레 그랬을 것이다. 인형보다도 배신한 친구가 야속해서였을 것이다.

2교시를 마치고 좀 더 이야기하고 싶었지만, 하람이의 자리엔 팔 한쪽이 뜯겨나간 인형만이 널브러져 있고, 훌쩍거리는 소리가 계단을 타고 두어 번 올라오다가 사라졌다.

그러고 나서 그 다음 날부터 하람이는 아예 오지 않았다. 부모로부터 좀 쉬겠다는 얘기를 들은 것까지가 인연의 전부였다.

얼마 후 멀리 전학했다는 소문이 들렸다. 그러나 내 마음 한편에는 그 아이와 함께했던 장면들이 물풀처럼 끈적끈적 붙어 있었다. 간간이 이면지에 시를 적어와 내밀던 아이, 작은 입으로 서술형 정답을 똑부러지게 맞히던 아이. 그리고 눈물바람으로 떠나간 아이.

그렇게 떠난 하람이에게서 이태나 지난 지금, 메시지를 받은 것이다. 여행이 꿈이라던 아이가 수학여행을 가게 되었으니 얼마나 기쁘고 설레겠는가. 나는 안다, 가장 기뻐 설렐 때 가장 좋은 사람이 떠오른다는 걸.

보내온 메시지를 다시 읽어 보았다.

"선생님, 안녕하세요? 저 하람이에요. 오늘 수학여행 가는 날이라서 설레고 떨려요."

사람 사이의 원만한 관계는 갈등을 푸는 과정에서 이루어진다고 한다. 내 머릿속 우는 아이 한 명을 방글거리는 천사로 바꾸어 저장하고 나니, 이심전심으로 서로 통했나. 나도 설레고 떨렸다.

시곗바늘 속임수

그 일을 생각하면 나는 지금도 아릿한 자괴심을 달랠 수가 없다. 장난꾸러기 아이들의 속임수에 넘어가서 십오 분도 넘게 수업을 앞당겨 끝냈던 어리석음.

열심히 수업을 진행하고 있는데 사무실에서 계속 전화벨이 울리다가 끊기고 다시 울리고 그러기를 오 분 이상 반복됐다. 수업 중에 전화를 받지 않는 것은 상식이다. 하지만 고집 세게 울리는 벨이 심상치 않다 싶어 아이들에게 양해를 구하고 전화를 받았다. 의외에도 대수롭지 않은 내용이라 기억도 안 나는데, 수업 중이라고 해도 상대방은 같은 말을 자꾸 되풀이하며 시간을 끌었다. 그렇다고 무례하게 끊을 수도 없었다.

교실에 돌아오니 아이들은 벌써 책가방을 꾸리고 있었다.

"왜들 이러니?"

"끝났어요. 시계 봐요."

아이들이 항의하듯 일어서서 손가락으로 시계를 가리키며 싱글싱글 웃었다. 4시 53분, 벌써 그렇게 되었는가. 다시 보아도 짧은 바늘은 5라는 숫자에, 긴 바늘은 11에 거의 가 있었다. 끝날 시각에서 3분이나 초과한 것이다. 학습 진도에 차질이 있었지만, 다음 시간에 들어올 학생들 때문에 연장 수업을 할 수는 없고 해서 어쩔 수 없이 보내야 했다.

어림컨대 무려 15분이라는 시간을 전화 받는 데 빼앗겼다. 전화를 건 사람에게는 15분이지만 십여 명 아이들의 학습결손을 계산하면 150분을 그 사람이 축낸 셈이다. 하지만 수업 중이라고 했는데도 그렇게 시간을 끈 사람이 과연 그런 계산을 할 수 있었을까?

나는 지금이라도 그 사람에게 말하고 싶다. 하찮은 시곗바늘이지만 개인의 운명을 바꿔놓기도 하고 수많은 사람의 목숨을 좌우하는가 하면 때로는 세계의 역사를 바꿔놓기도 한다고. 단 1초의 여유도 주지 않고 닫히는 전동차의 출입문을 생각해 보자. 한가한 사람에게는 1초라는 시간은 무의미하다. 하지만 그

1초 때문에 일을 그르쳐서 운명이 바뀌는 사람도 있다. 6·25 때 한강다리 폭파 지휘를 한 장교의 시계가 5분만 늦게 갔어도 수백 명의 인명을 구하고, 2차 대전 당시 히로시마에 원자탄 투하를 지휘한 지휘관의 시곗바늘이 5분만 게으름을 피웠어도 수천 명의 목숨을 구했을 것이다. 추상적이기는 하지만 시간의 흐름은 우주의 질서를 지배하는 절대적인 권력자이다. 나는 그래서 가끔 시계가 신처럼 여겨질 때가 있다. 한 번도 건너뛰는 일 없이 똑딱똑딱 하는 신의 맥박을 따라서 한 생명체가 신생 성장 쇠멸을 반복하고 계절이 바뀌는가 하면, 지구에서는 화산이 폭발하고 외기권에서는 거대한 천체가 궤도를 벗어나 유성이 되기도 한다.

그러한 절대 세력의 표상인 시곗바늘을 아이들이 함부로 돌려놓았다는 것을 알아차린 것은 아이들이 교실을 나가고 나서 십여 분이 지난 뒤였다. 다음 수업은 정각 다섯 시에 시작되는데 그 수업을 받을 아이들은 밖에서 빈둥거리고 들어오지 않는 것이었다.

"너희 왜 안 들어와, 수업시간이 다 되었는데?"

내 딴에는 제법 호통치듯 큰 소리로 말했을 것이다. 그런데 밖에서 놀던 아이들이 휴대전화를 꺼내 보이는데 4시 50분이었다. 속담 그대로 자다가 따귀 맞은 기분이었다. 신처럼 여기는 시계에 대한 배신감이 울컥 치밀어서 현기증까지 일었다. 거짓말쟁이, 못된 것. 시곗바늘을 탓하는 것인지 아니면 시곗바늘을 돌려놓은 아이들을 원망하는 것인지 나도 모를 소리가 입 밖으로 새어 나왔다. 아무튼, 나에게 있어 시계는 그때부터 인간이 조작한 한낱 계기판, 사람의 손가락으로 얼마든지 조작할 수 있는 불확실한 것, 장난감에 불과한 것으로 신의 위상에서 추락하고 말았다.

그런데 곰곰 생각해 보니 원망의 대상은 아이들도 아니고 시곗바늘도 아닌 나였다. 나에게도 휴대전화가 있는데 왜 그건 안 보고 시곗바늘만 믿었을까. 설사 아이들이 긴 바늘 짧은 바늘 모두 12라는 숫자에 갖다 놓았다고 해도 밤이 낮 되고 낮이 밤 될 리는 없지 않은가.

그런 속임수에 당한 것은 그때만이 아니다. 월악산을 오를 때였다. 정상까지 1km라는 표지판을 보고 한참 가다 보니 2km라는 이정표가 또 나왔다. 길을 잘못 들었나 싶어서 돌아오다가 뒤에 오는 사람들에게 물으니 바로 저기라고 손가락으로 가리켰다. 어느 짓궂은 사람이 장난으로 표지판을 바꿔 놓았던가 보다. 곰곰 생각해 보니 임의로 정한 숫자의 속임수는 그런 경우만이 아니었다. 점수라는 숫자는 학생의 내면까지 측정한 계수인 양 속이고, 부의 액수는 그 사람에게 행복의 지수인 양 속이고…. 숫자만이 아니고 소문과 간판에 속는 경우 또한 허다하다. 그래서 옛사람들이 사람이나 사물을 보여주는 대로 보지 말고 내 손으로 헤치고 속을 들여다보라고 했던가.

"여러분이 달을 보라고 손가락으로 가리켰는데 나는 달은 안 보고 여러분의 손가락만 보았어요."

나는 다음 날 아이들을 꾸짖는 대신 나의 우직함을 고백하고 나서 나의 그런 버릇을 고쳐주어서 고맙다고 진심으로 사례했다.

04

그리운 새살거림

겨울나무의 꽃눈

꽃잎 하르르 날리던 날이 어제인 듯 선명한데, 오늘은 이파리마저 다 떠나보낸 벚나무가 빈 가지로 서 있다. 나뭇가지 너머 쪽물 하늘은 더 높아졌다. 어머니가 계신 곳이 저기일까.

첫아이를 낳으러 친정에 갔을 때이다. 어머니께서는, 나물 좋아하는 나를 위해 텃밭 푸성귀로 저녁밥상을 차려 주셨다. 그런데 한 수저도 뜨지 못했다. 갖은 나물에 비벼 허겁지겁 첫 수저를 뜨려는 순간 감전된 듯 온몸으로 아픔이 엄습했기 때문이다. 밥숟가락을 다시 내려놓고 내가 쓰던 바깥채의 사랑방으로 갔다.

그때까지만 해도 출산에 대해 두려움은 없었다. 생명의 탄생

과정이야 조물주의 각본이니 어련하랴 싶었다. 그런데 통증은 점점 간격을 좁혀 엄습했다. 병원에 가지 않겠다고 고집부린 일이 후회스러웠다. 새벽녘에는 인내의 한계를 넘었다. 정신 나간 사람처럼 방안을 엉금엉금 기기 시작했다. 어머니께서 준비해 놓으신 해산 용구들을 밟아 망가뜨리며 기었다. 비닐을 깔아놓은 요 위를 지날 때 바스락거리는 소리가 났다. 그 소리조차 아픔으로 전해졌다. 내 몸이 베이는 듯 참을 수 없었다.

"소리, 그 소리…."

"어, 그래!"

내가 지나간 자리를 다시 정돈하던 어머니는 서둘러 물건들을 치워 주셨다. 그때 어머니 얼굴을 잠깐 보았다. 종일 뙤약볕 아래서 들일하시고는 저녁도 거른 채, 산통에 시달리는 딸자식 옆에서 밤을 새우던 어머니. 어머니 얼굴은 극도의 긴장으로 먹빛이었다. 눈빛만은 순산을 바라는 간절한 염원으로 빛났다.

말끔히 치워진 방안을 몇 바퀴 더 돌았다. 그 사이 아버지께서 읍내 조합장에게 도움을 청한 모양이었다. 병원으로 데려다 줄 조합장 차가 뒷산 사기장재를 내려오는 소리가 들렸다. 긴장이 풀려서 그런가, 덜커덩거리며 점점 커지던 소리가 갑자기 가물가물 멀어져갔다. 이어 기진한 나를 불러대는 어머니의 다급한 소리, 극에 달한 통증….

그렇게 태어난 딸아이가 무럭무럭 자라 올봄 시집가더니 아랫배가 볼록한 모습으로 다녀갔다. 딸아이의 산달을 기다리자니 새삼 어머니가 그립다.

이윽고 아이가 태어났을 때 나와 아기를 번갈아보며 자꾸 눈을 비비시던 어머니, 나중에 이유를 물으니

"정말로 노랗더라. 아기도 너도 노랗게 보이더라."

하며 멋쩍게 웃으셨다. 얼마나 애를 태우셨으면 노랗게 보였을까. 그 이후로 '하늘이 노랗다.'는 비유적 표현은 감히 입에 담지 못하고 있다.

이제는 내가 그때의 외할머니가 될 차례이다. 딸아이도 예전의 나처럼 룰루랄라 해산할 날만을 기다리고 있다. 얼마나 아파야 새 생명이 태어나는지 체험하지 못했기에 크게 두려움이 없는 모양이다. 그래, 너는 국화꽃으로 피어라. 나는 소쩍새로, 천둥 먹구름으로 울며, 무서리로 네 향기를 더하리라.

우주 질서는 다 그러하리라. 올해의 달력은 새것에 자리를 내어 줄 테지만, 그것이 소멸을 의미하지는 않는다. 외할머니가 어머니를 낳고, 어머니가 나를 낳고, 내가 딸을 낳았고, 내 품의 그 딸아이가 새 생명을 잉태하는 것처럼 영원으로 이어지

는 순환의 고리일 뿐이다. 어차피 연월일 또한 허공에 잣대를 대고 인위적으로 매겨 놓은 무형의 수치에 불과하지 않은가.

하늘을 올려다본다. 어머니의 품에 벚나무가 다부지게 서 있다. 가지를 따라 시선을 옮긴다. 가지마다 볼록하니 꽃눈을 잉태하고 있다. 자세히 보아야 보일 정도로 작지만, 또 하나의 우주로 크게 다가온다. 꽃필 날을 손꼽아 기다리자니 가슴이 벅차오른다.

심기일전

30대 중반을 사는 딸에게서 카톡이 왔다. 외손녀의 영상이다. 뒤늦게 결혼한 딸의 출산이기에 영상만 보아도 날개가 퍼덕거린다. 그런 내 마음을 헤아리고 수시로 보내온다.

태어난 지 두 달 된 외손녀는 스스로 먹을 것을 구하는 중이다. 제힘으로 손가락이라도 빨아 보겠다고 애쓰는 모습을 보면 안쓰러우면서도 한편 대견하다.

심기일전이라는 제목의 카메라 표시를 누르면, 오른쪽 손가락들을 꼼지락거리는 화면이 펼쳐진다. 이어 비장한 표정으로 주먹을 불끈 쥐고는 마치 쇳덩이라도 움켜쥔 듯 힘겹게 손을 들어 올린다. 그러다가 목 언저리에 툭 떨어뜨리고 만다. 서너 차례 반복해 보지만 입까지는 아직 멀기만 하다.

제목대로 심기일전, 손을 반쯤 펴 다시 주먹을 쥔다. 처음부터 다시 시작할 요량인가 보다. 가까스로 턱밑까지 닿는다. 빨 수 있을 거로 생각하는지 입을 벙긋 벌린다. 그러나 그 순간 기력이 다한 주먹은 다시 힘없이 툭 떨어지고 만다. 맨입을 오물거리더니 '쿠!' 하고 한숨을 내뱉는다. 얼굴을 일그러뜨릴 때는 곧 울음보가 터질 것 같아 조마조마하다. 그러나 내 염려와는 달리 다시 주먹을 쥔다.

다음 날 보내온 심기일전 2에서는, 손을 번쩍 들어 단숨에 이마까지 올리기도 하고 어느 때는 제 코를 사정없이 치다가 오른쪽 머리카락을 쥐어뜯기도 한다. 눈 주위에서 손가락을 펼치는 바람에 나를 놀라게도 한다. 외손녀의 입가에는 번지르르 침이 흐르지만, 여전히 손가락은 입에 넣지 못한다.

오늘 아침에도 외손녀는 손 빨기 시도 중이었다. 이번 동영상에서는 손싸개까지 하고 있었다. 손싸개가 가로막은 손을 확인하고는 화가 나는지 네 팔다리로 바동거렸다.

그런데 주먹을 통째로 입에 넣고 힘차게 빠는 영상이 방금 온 것이다. 또렷한 두 눈은 '외할머니, 저 해냈어요!'라는 메시지가 분명하다. 끝없는 '심기일전'의 결과 드디어 만세다.

한창 들떠 있는데, 이번에는 20대 후반을 사는 아들에게서도 카톡이 왔다. 시험 기간이라 주말에 내려올 수 없단다. 이곳 치과에 예약해 준 진료도 연기했단다. 학점은 학업의 성적일 뿐 아니라 취업준비이기도 한 현실이고 보니 치아 걱정만 할 수도 없는 노릇이다. 만세를 부르던 부푼 마음이 슬그머니 가라앉는다.

여자 친구 한번 소개한 적 없는 아들. 나는 그 나이에 제 누나 재롱으로 하루하루가 꿈결이었는데, 아직도 밤낮 책상 앞에만 앉아 있는 아들은 언제 취업하고 결혼하고 예쁜 아기 낳으려나.

삼포 세대란다. 특히 20대~30대 젊은이들은 출산은 물론 결혼과 연애마저도 포기할 수밖에 없기에 그리 일컫는단다. 취업과 내 집 마련까지 더해서 오포세대라느니 인간관계, 희망마저 포기한 칠포세대라느니 하는 말도 떠돈다. 더 나아가 아예 삶포 세대라고도 한다나.

이미 일본에서는 체념 상태로 살아가는 청년층, 사토리 세대(さとり世代)가 다각적 문제를 낳은 적 있다. 우리나라에도 한국판 사토리가 없는 것은 아니다. 모 방송의 「나는 자연인이다」라는 프로그램에서는 3년째, 문명을 포기한 삶이 소개되고 있다. 재방영까지 하며 공감대를 넓혀가고 있다.

그래도 '자연인' 대부분은 노년층이라는 점에서 간과할 수도 있었지만. 피 끓는 청춘의 달관이라니, 당혹스럽다. 청년실업 증가와 학자금대출에 대한 부담, 치솟는 집값 등 과도한 삶의 비용이라는 구조적 난관을 어찌해야 하나.

정녕 가족 구성마저도 포기해야 하단 말인가. 내 아들이, 아니 모든 어머니의 아들이 그리고 딸이 어느 것 하나라도 포기하지 말기를 기도한다. 외손녀의 '심기일전' 과정을 수없이 거쳐 왔기에 그러리라 믿는다. '삼포세대'라는 바윗덩이는 던져버리고, 포기를 포기한 '포포세대'라는 깃발을 그들의 앞길에 펄럭여 본다.

힘겨울 아들에게 격려금이라도 얼마 보내야겠다는 생각으로 인터넷뱅킹 사이트에 접속했다. 조금 전에 만세를 외치게 했던 외손녀의 심기일전 시리즈도 생각해 냈다.

"힘들지? 격려금 쪼끔 보낸다~♡. 심기일전하는 네 조카 동영상도~^^."

그런데 스마트폰에 온 출금 확인 문자를 확인하다가 나도 모르게 '으헉' 하는 소리를 내뱉고 말았다. 금액란에 비밀번호를 눌러 '얼마'의 열 배도 넘는 금액이 아들 통장으로 빠져나간 것이다.

어쩌랴, 이미 빠져나간 것을. 어미 체면에 되돌려 달랄 수도 없는 노릇 아닌가. 이번 달 가계부에는 붉은 글씨가 적히겠지만, 그렇게라도 고통을 함께해야지. 그래, 나도 심기일전이다. 힘차게 주먹 빠는 외손녀의 영상을 다시 클릭하여 가라앉은 기분을 끌어올린다.

거짓말 도사

질문을 해도 눈만 끄먹거린다. 어려운가. 수진이만은 대답할 수 있을 것이라 믿고 맨 앞 그 아이 자리로 시선이 옮겨 간다. 그런데 자리가 비어있다. 수진이 할아버지께서 또 편찮으신가? 며칠 전에 할아버지께서 편찮으시다며 인사만 하고 돌아간 적이 있었기에 걱정이 앞선다.

수진이는 집으로 돌아갈 때마다 가방을 비운 후 폐지를 가득 넣어 가지고 갔다. 할아버지 드리려고 가져간다고 했다. 그런데 요즘은 그게 필요 없다고 한다. 할아버지께서 건강이 더욱 나빠져서 폐지 모으는 일마저 그만 두셨기 때문이다.

수진이가 우리 학원에 처음 왔을 때의 일이 생각난다. 아이를 앞세우고 들어선 할아버지는 대뜸 수강료를 깎아달라고 하셨다. 입을 열 때마다 술 냄새가 났다. 옆에 서 있는 바싹 마른 꼬맹이는 표정 없는 얼굴로 시선을 바닥에 깔았다. 이것저것 물어도 눈도 맞추지 않고 말뚝처럼 할아버지 곁에 서 있었다.

할아버지만 가시고 쉬는 시간이 되었다. 난데없이 강의실에서 울음소리가 들렸다. 아이들이 수진이를 괴롭혔던가 보다. 곤충들이 촉수로 교신하듯이 대부분의 아이들은 그렇게 지분거리는 과정을 거쳐서 마음의 통로를 연다. 그런데 수진이는 다른 아이들하고는 달리 의외의 반응을 보였다. 묻는 말에 대꾸하는 대신 책상에 엎드려 목놓아 우는 것이었다. 그 작은 체구 어느 구석에 그토록 많은 눈물과 설움이 고여 있는지, 아이는 쉬는 시간 내내 계곡물 쏟듯 눈물을 쏟아냈다.

얼마 후에야 그 애의 부모님이 하루아침에 교통사고로 세상을 떠났다는 사실을 알게 되었다. 그때부터 나는 아이에게 연민의 정을 베풀어야 한다는 알량한 의무감을 갖기 시작했다. 하지만 내가 주는 정이 안으로 스며들지 않는지 아이는 좀처럼 마음의 문을 열지 않았다. 어쩌다 말문이 터지면 가시 같은 불만을 쏟아냈다.

그렇게 나를 힘들게 하며 1년여 시간이 지난 어느 날, '외모지

상주의'에 대해 구술하는 수업을 하게 되었다. 나는 아이들의 바른 생각을 유도하기 위해 스튜어디스가 되는 길과 교사가 되는 길을 예로 들어 외모가 취업에 영향을 미치고 있는 현실을 설명했다. 그때 수진이의 눈이 반짝 빛나더니 손을 번쩍 들었다. 외모지상주의에 반해 내면의 아름다움이 얼마나 중요한지 논한 뒤, 저는 키가 작아서 외모는 내세울 것 없으니 마음을 곱게 다듬어서 초등학교 교사가 되고 싶다고 했다. 어린 소견에도 저의 집 형편이 어려워서 교대 등록금이 싸다는 말을 듣고 그쪽으로 마음을 굳힌 것 같았다.

나는 아이에게 거짓 예언을 했다, 하느님이 너를 훌륭한 교사로 이 세상에 내보낸 거라고. 아이들은 근거 없는 나의 예언을 비웃는 것인지 아니면 수진이를 비웃는 것인지는 모르지만 책상을 두들기며 웃었고, 아이는 금방 울음을 쏟아낼 것처럼 얼굴이 달아올라 있었다. 이런 때는 웃는 아이들을 나무라면 아이는 더 조롱거리가 된다. 나는 아이들의 웃음소리가 가라앉기를 기다렸다가 참으로 진지한 표정으로 초등학교 교사가 되는 과정을 말했고 이어서 교사로서 걸어야 할 길을 아는 대로 설명했다.

아이는 그때부터 달라졌다. 수업시간에 적극적인 것은 물론이고 표정이 밝아지고 걸음걸이까지도 경쾌해졌다. 무엇보다 학습능력이 눈에 띄게 향상되었다. 집에서 복습을 충분히 해오는 것 같았다. 어제는 30분 분량의 시험문제를 내 주었는데 10분도 채 못 되어 시험지를 제출했다. 너무 쉬워서 금방 풀었다고 했다.

이제 수진이는 깊은 어둠의 터널에서 저 멀리 반짝이는 별을 보고 있다. 그 애의 밝은 얼굴을 보면 매화 향기가 나는 것 같다. 제 몸피만 한 가방을 메고도 당차게 계단을 하나하나 찍어 올라오는 발소리는 세 박자 춤곡으로 들린다.

"수진아, 네가 교대 입학하는 날, 아주 예쁜 최고급 구두 한 켤레 선물할게."

영문도 모르는 아이는 감사하다며 작은 몸을 반으로 접었다. 내 말대로 과연 그가 교대에 들어갈지는 미지수다. 그리고 구두를 선물하겠다는 내 약속 또한 실행될지 그것 또한 막연하다. 아니, 모두가 거짓말이라고 해야 옳은지 모른다. 하지만 거짓말 몇 마디로 아이에게 힘과 꿈을 안겨 줄 수 있다는 게 얼마나 신통한 효험인가.

거짓말이 정말로 바뀔 그 날이 기다려진다. 꿈을 안은 그의 밝은 표정을 볼 때마다 나는 선한 거짓말 도사로 길을 닦겠다고 다짐해 본다.

가르치며 배우며

천안시장애인복지관 강의 중에 스마트폰이 울렸다. '벌써 2년째인데….' 하는 얄팍한 연륜의 자만심에 의지해서 이런 실수를 범한 것이다. 늦게나마 벨 소리를 진동으로 바꿔놓고 나니 등에 식은땀 줄기가 흘러내림이 의식되었다. 그러고 나서 남은 시간은 어떻게 때웠는지 지금에 와서 아무리 되새김질해도 기억이 나지 않는다. 웬만한 실수는 자위로 다독거리는 나였지만 그날만은 그렇게 당황했다.

그렇게 김진섭의 수필 「생활인의 철학」으로 두 시간 강의를 마치고 구내식당으로 향했다. 세 다리로, 네 바퀴로 월요일이면 어김없이 출석하는 수강생들과 그냥 헤어지기 섭섭해서였다.

휠체어에 앉은 수강생의 가방은 직원이 대신 들고 나갔다. 열쇠까지 받아가는 것을 보니 아예 차에 실어 줄 모양이었다. 나는 3층 식당으로 가 식판에 음식을 날랐다. 두 사람 몫을 식탁에 옮겨놓고 다시 음식을 담고 있을 때 주차장에서 돌아온 직원이 자동차 열쇠를 들고 차주를 찾았다. 차주는 아직 엘리베이터 안에서 휠체어와 씨름하고 있는 모양이었다. 그래서 대신 받아 전해 줄 양으로 양손에 식판을 든 채 옆구리의 주머니를 직원에게 들이대었다.

이윽고 수강생들이 식당에 도착하여 모두 자리를 잡았다. 얼마 전까지만 해도 음식 나르기가 어렵거나 먹는 시간이 길다며 같이 식사하기를 꺼리던 수강생들도 그날만은 허물없이 마주 앉았다. 옆자리의 편식이 심한 ㅇ 군에게는 내 아들 또래라는 핑계로 이거 먹어라, 저것도 몸에 좋은 거다, 잔소리를 해대었다. 씹는 기능에 문제가 있는 야윈 ㅂ 양에게는 고기를 먹어야 근육이 는다며 가위를 얻어다 닭볶음탕 살코기를 발라 잘게 잘라서 권했다.

그러구러 다 먹고 물까지 마셨다. 그런데 몇몇 수강생들은 여전히 식사 중이었다. 기다려 주었으면 좋으련만, 바로 학원 강의가 있어 먼저 일어나 자리를 떠야 했다.

집에 잠깐 들러 다음 강의 준비물을 챙기는데 어디선가 진동음이 들리는 듯했다. 소리 나는 곳을 더듬어 가보니 핸드백 안에서 스마트폰이 떨고 있었다. 웬일일까. 수강생들이 발신한 전화와 카톡과 문자의 흔적이 화면 가득했다. 담당 직원의 전화번호까지 떠 있었다. 다급한 마음으로 전화를 받았다.

"괜찮으세요? 전화를 안 받으셔서 걱정하고 있습니다."

무슨 사고라도 당한 사람 대하듯 긴장한 수강생의 목소리였다. 별일 없다는 것을 확인하더니 안도의 한숨을 길게 내쉬고는 자동차 열쇠 좀 달라고 했다. 열쇠라니? 아뿔싸, 그제야 주머니에 받아놓은 열쇠가 떠올랐다. 그걸 집까지 가지고 오다니…. 오도 가도 못 하고 발이 묶였으니 얼마나 난감할까. 전화조차 안 받으니 더욱 황당하겠지? 밖에서 동동거리자니 얼마나 춥고 다리가 아팠을까. 잉걸불을 뒤집어쓴 느낌이었다. 그날은 왜 그리도 실수가 잦았는지 모르겠다.

다급히 되짚어 차를 몰았다. 그런데 묘한 일이었다. 미안하고 민망하여 액셀러레이터를 자꾸 밟으면서도 히죽히죽 웃음이 나왔다. 전화기 속의 떨리던 목소리, 천천히 오라던 당부, 그건 타인으로부터의 의사전달이 아니라 벗이요, 언니요, 가슴 뭉클한 어머니의 정이었다.

이윽고 도착하니 차주뿐 아니라 다른 수강생들까지 남아 있다가 나를 반겼다. 어처구니없는 실수를 연발한 나를 원망하기에 앞서 걱정부터 해 준 사람들. 철학가들이 저 높은 곳에서 담론에만 경청하듯 나는 강단에서 수필의 미학적 윤리적 가치를 떠들어대고, 수강생들은 갑남을녀로서 사랑과 지혜를 몸소 실천하고 있었다. 열쇠를 내밀 때 함빡 웃어주던 얼굴들은 마치 한 편의 명수필처럼 가슴 깊이 울림으로 전해왔다. 두어 시간이나 입으로만 떠들어댄 나와는 달리 그들은 나에게 진실한 '생활인의 철학'을 마음과 행동으로 가르친 것이다. 이래서 교학상장教學相長이라고 하지 않았던가.

호곡장 · 2

한 아이의 눈시울이 벌겠다. 손짓 발짓에 익살을 섞어 수업을 진행했지만, 나하고 눈도 맞추지 못했다.

1교시가 끝나고 어디 아프냐고 묻자 그렁그렁한 눈물로 대답을 대신했다. 도대체 무엇 때문일까. 아이에 대한 고민을 풀어주려다가 포기하고 돌아서려는데 저쪽에 앉은 아이가 의문의 고리를 풀어주었다. 짝 때문이라는 것이다. 짝이라니? 우리 학원에서는 오는 대로 자리를 골라 앉을 수 있고, 오늘은 그 아이 혼자 앉았는데 짝 때문이라는 말은 당치도 않고 필시 학교에서 일어난 일임에 틀림이 없다.

짝과 다투기라도 했나? 학원까지 울음을 달고 온 것을 보면 몸이든 마음이든 상처가 무척 깊은가 보다. 짝과 다투었느냐고 묻자 고개를 가로저었다.

뭐란 말인가. 마침내 흐르는 눈물을 옷소매로 쓱 문지르더니 "박○○이요!"라고 내뱉었다. 그리고는 또 훌찌럭거렸다. 박○○이라는 아이가 전학을 갔나? 얼마 전에 '베프'가 전학 갔다고 눈물을 흘렸는데 이번에는 박○○이라는 아이하고 또 작별했는가 보았다. 학교 정문 앞 마을이 재개발로 한 집 두 집 비어가니 그럴 만도 하다고 내 나름대로 어림하면서 짝 때문이라고 외치던 녀석을 바라보자, 잠시 머뭇거리는 듯하더니 "쫌 그래요."라고 안갯속으로 나를 밀어넣었다. 그러자 여기저기서 부조하듯 "머리가 엄청 커요.", "엉덩이가 이따만 해요.", "냄새나요."라고 한 마디씩 툭툭 던졌다. 뚱뚱해서 외톨이가 된 아이와 짝이 되었나 보다. 녀석은 아이들이 두둔해 주자 소리 내어 울어대기 시작했다.

여기저기서 내뱉은 아이들 말과 녀석의 울음소리는 우리 집 큰애의 잔영을 끌어왔다.

학기 말에 남편이 전근 발령을 받았기에 초등학교 다니던 큰애도 전학하게 되었다. 활달한 성격에 학습 능력도 좋아 담임으로부터 나까지 칭찬을 들어오던 터라 바뀐 환경에 쉽게 적응

하리라 여겼다. 그런데 하루는 공중전화에서 수신자 부담 전화가 걸려왔다. 밑도 끝도 없이 큰애가 교실에 들어가지 못하고 있다는 한마디를 남기고는 전화가 끊겼다. 하교할 시각인데, 무슨 일일까? 전화한 아이는 누구일까? 겁이 나서 학교로 달려갔지만, 막상 정문에 들어서고 보니 막막했다. 텅 빈 운동장에 칼바람이 살을 에는데 어린것이 어디에서 떨며 울고 있을까. 교정을 헤집고 다니며 두리번두리번 찾는데 난무하는 눈보라 속에 두 아이의 모습이 희미하게 어른거렸다. 달려가 보니 큰애가 우리 집에 온 적 있는 친구하고 쪼그리고 앉아 있었다. 청소 시간인데 아이들의 따돌림으로 쫓겨난 모양이었다. 먹을 것도 없는 텅 빈 들판에 달달 떨고 있는 가련한 참새 한 마리, 그때 큰애의 엉덩이도 이따만 하고 몸에서 냄새가 났었을까.

교재를 팽개치듯 내려놓고 우는 녀석 가까이 다가갔다. 실망스럽다고 운을 뗀 후 나의 훈계는 오래 이어졌다. 녀석은 간간이 네, 알아요, 등의 맞장구를 치더니 한다는 말이 저도 선생님과 생각이 같은데, 그렇게 되면 아이들이 나까지 왕따를 시킬까 봐 두렵다고 하며 훌찌럭거렸다. 평소에 자신의 간식을 내 입에까지 넣어주는 아이였다. 실내화가 널브러진 신발장 앞을 그냥 지나치지 못하고 가지런히 정리하던 아이였다. 그러니 짝에게도 친절을 베풀 테지만 그러다 보면 자신까지 다른 친구들과 어울리지 못하게 되지는 않을까 하는 고민을 울음으로 풀어 보려는 모양이었다.

녀석이, 옛날 눈보라 흩날리는 운동장에서 큰애 곁은 지키며 전화해 줬던 그 친구가 되어 주길 바랐다. 그때 그 친구가 있었기에 큰애가 자긍심을 잃지 않고 바뀐 환경과 라이벌의 시샘을 무난히 극복할 수 있었다고 생각한다. 우는 녀석을 바라보며 그 이야기를 해 줬다.

아이는 어느새 표정이 밝아졌다. 이때다 싶어 이번에는 내가 우는 시늉을 했다. 네 짝에게 잘해 주었다가 만약에 너까지 다른 아이들이 싫어하면 어찌하느냐며 눈높이를 맞추었다. 당장 해결책이 안 나오니 짝과 잘 지내는 방법 알아오기로 하자고 했다. 오늘 너의 숙제는 그것뿐이라는 말에 아이는 고개를 끄덕이며 잘할 수 있을 것 같다고 했다.

다른 동물들과는 달리 인간 사회는 표준이라는 우상을 만들어 놓고 거기에서 조금이라도 빗나가면 따돌리고 조롱을 한다. 그 범위 안에 들려고 발버둥 치다 정 받아 주지 않으면 역반응으로 무작위의 인간을 골라 괴롭히게 마련인데 내일 숙제 검사는 어떻게 할까? 모범 답안은 무엇일까? 정답을 찾지 못한 나는 괴롭기만 하다. 하지만 이것만은 분명히 말하리라. 표준의 범위를 한정하는 잣대는 사람마다 다르고, 같은 사람이라도 그 잣대의 눈금은 시시각각으로 변한다고. 정답은 뭐라고 써올까. 과연 모범답은 무엇일까.

그리운 새살거림

연초부터 학원 강의가 없는 날을 활용하여 복지사업의 일환인 초등학교 문학 동아리 시범사업에 문예강사로 참여하게 되었다. 첫날 설레는 마음으로 배정받은 교실을 찾았다. 아이들도 내 마음 같았는가, 초롱초롱한 눈빛으로 맞아 주었다. 보답하는 마음으로 내가 아는 문학의 모든 것을 전달해 주려고 다짐했다.

그러나 아이들의 눈빛을 잘못 읽었다는 것을 아는데 그리 긴 시간이 필요치 않았다. 내 수업에 관심이 없는지, 질문해도 대답을 하지 않았다. 써야 할 시간에도 그냥 조용히 앉아만 있었다. 몇몇 남학생들은 견디기 어려웠는지 새살새살 잡담에 이어 큰 소리로 떠들더니 자리를 이탈하기도 했다.

쉬는 시간이 되어 어떻게 수업을 했으면 좋겠냐고 물었더니 한 아이가

"재밌게 노는 거와 맛있는 거 먹는 게 제일 좋아요."

하는 것이었다.

문학의 교훈적 가치에 치중해 더 많이 가르치고 싶은 나는, 쾌락적 기능만을 추구하며 먹고 놀고 싶은 그들을 대상으로 엇나가는 시범사업을 시작한 셈이다. 예상하지 못한 상황에 당황했으나 적당한 스트레스는 오히려 활력을 주기 마련이다. 결국, 그 아이의 말은 내 몸의 세포들을 깨워 긍정적 에너지를 제공하는 실마리가 되어 주었다.

다음 시간부터 강의 준비는, '재미있고 맛있는'이라는 수식어를 염두에 두고 했다. 문학의 가치가 무엇인가. 가르침에 우선하여 당연히 재미있어야 하지 않겠는가.

그래서 문학작품 감상 시간에는 상품화된 종이책이나 영상자료 대신 내가 전기수가 되어 육성과 몸짓으로 아이들에게 다가가려고 했다. 목이 아프고 침이 마르면 간이 마이크와 물병을 준비해 가며 작중 인물의 역할에 충실했다. 때로는 아이들과 역할을 바꾸어 진행했다. 어떤 작품은 각색하여 촌극으로

나타내 보도록 가면을 준비하기도 했다.

놀기 좋아하는 아이들을 놀이공원에 데려가 실컷 놀게도 하고, 소살거린 아이들의 감정을 작은 도자기에 그림으로 옮기는 기회도 마련했다.

트렁크에 음식 재료를 가득 싣고 가서 요리도 하게 했다. 그들이 맛있게 먹는 모습은 정말 보기 좋았다. 떡볶이를 제재로 지은 몇 명의 시를 월간지에 투고했더니 칭찬의 평과 함께 게재되었다. 공모전에 투고하여 입상하는 아이도 있었다. 아이들은 조금씩 마음의 문을 열기 시작한 것이다.

그렇게 시범사업이 자리를 잡아갈 무렵 한 해도 저물어가고 있었다. 마지막 수업 시간에는 수필을 쓰기로 했다. 수필은 허구가 용납되지 않는, 자기 체험을 소재로 쓰는 글이기에 글쓴이의 구체적 세부를 드러낼 수밖에 없는 장르이다. 아이들은 정해진 수업 시간을 초과하면서까지 책상이 시커멓도록 지우개 밥을 만들어 냈다. 쓰고 싶은 내용이 많아진 모양이었다. 내용이 궁금하여 돌아오는 기차 안에서 펴 보았다. 향상된 글쓰기 실력에도 감동했지만, 무엇보다 몇몇 학생의 허기진 인생살이를 들여다보고는 가슴이 먹먹해서 창밖을 내다보며 눈시울을 적셔야 했다.

그들은 온실이 아닌 눈보라 속 언 땅을 뚫고 새순을 밀어 올리는 여리디여린 새싹이었다. 나는 그들에게 무엇이었나. 재미있어지고 싶고 맛있어지고 싶은 그들의 육체적 정신적 허기를 얼마나 채워주었을까. 그들의 마음을 제대로 읽기나 했을까. 시범사업을 마치며 더 잘하지 못한 순간들이 떠올라 미안하다. 마지막 날, 우르르 다가와서 내 품에 안기던 아이들의 따듯한 체온을 떠올리니 더욱 아쉽고 미안하다.

"시가 뭔지 몰랐는데 이제는 써져요."

"문학반 재미있어요."

살며시 다가와서 새살새살 속삭이던 아이들을 떠올리니 문득 보고 싶어진다. 그동안 문학동아리 시범사업에 참여하며 가르친 것보다 오히려 배운 점이 더 많은 것 같다.

아줌마들의 숨통 돌파구

화장실을 보면 그 나라 문화가 보인다고 한다. 여기서 말하는 화장실은 먹은 것을 누는 공간만이 아니고, 보고 듣고 느끼고 생각한 온갖 추상적 받아들임의 배설물인 '표현하다'의 결과물도 포함되리라 생각한다. 그러므로 시공간이나 계층에 따라 그 모습도 천태만상이리라.

나는 지금 어느 아줌마들의 화장실 문을 열었다.

그들은 매주 화요일 오전 열 시면 어김없이 모여든다. 2002년부터 시작되었으니 서로 십년지기가 된 이들도 여럿 있다.

그들의 연령층은 30대부터 80대까지 다양하다. 사회에서의 역할도 갖가지이다.

출석 성적은 나이가 많을수록 좋다. 자식이자 어미이고 아내이기도 한 젊은 아줌마들은 할 일이 좀 많겠는가. 하루하루를 치밀하게 계획하여 그 시간을 비워두어도 예상 밖의 집안일은 얼마든지 툭툭 튀어나오기 마련이니까. 반면 자식들 다 키워 제 갈 길로 보낸 연세 지긋한 분들일수록 출석률이 높고 영감님마저 저승길로 배웅하고 난 사람들은 빠지는 일이 거의 없다.

그들의 배설물은 수필이다. 수필의 요소 하나둘쯤 무시되기도 하는, 막혔던 가슴의 응어리를 풀어내는 기능으로서의 글이다. 어린 시절 계모 밑에서 자라면서 지나가는 길에 얼핏 보았던 생모에 대해 그리움을 풀어내기도 하고, 모질고 모질었던 시집살이의 한을 토해내기도 한다. 성치 못한 자식을 키우면서 겪는 아픔도 써오고, 불청객 암과 타협하는 과정도 적어온다. 때로는 사회의 부조리를 향해 따끔한 채찍을 휘두르기도 한다.

그러기에 배설의 과정도 순탄치만은 않다. 합평할 때 지은이가 읽다가 복받쳐 말문이 막히면 옆 사람이 받아 읽으며 눈시울을 붉히고, 끝내는 듣는 이까지 훌쩍거리기도 한다. 색다른 기행수필이라도 한 편 나오는 날이면 이구동성으로 가보자고 들썩거린다.

오늘은 지난 일 년 동안 배설한 결과물들이 수필집이란 이름으로 다시 태어난 날이다. 이 뜻깊은 날을 기억에 갈무리하기 위해, 수필집과 곱게 빚은 떡 케이크를 싣고 지리산 성제봉 아래 무딤이들로 달려왔다. 섬진강 푸른 물에 한눈파느라 한옥 대청마루에 짐을 푼 시각은 이미 해가 저문 후였다.

이미 여섯 번째 동인지라고 여섯 개나 되는 촛불을 밝혔다. 달마저 뜨지 않는 그믐밤에 가녀린 촛불이 어둠을 힘겹게 밀어냈다. 마치 맨손의 아줌마가 가족의 뒷바라지를 위해 세상의 거센 물결과 마주 선 모습 같았다. 밤바람에 가볍게 떨리던 촛불이 박수와 함께 가뭇없이 사라지니 어둠이 밀려와 시야의 모든 것을 삼켜버렸다.

없다는 것은 무한한 가능을 의미하기도 한다. 그들은 까만 허공에 알록달록한 새 무늬를 새기기 시작했다. 여느 출판기념회의 형식과 달리 한 사람씩 일어서서 하고 싶은 말로 발산사, 축사를 대신했다. 아줌마들은 마누라도, 엄마도, 며느리도 아닌 온전한 자아로서 존재감을 나타내었고 서로 공감하며 카타르시스를 즐겼다. 주제도 시간도 제약 없는 또 한번의 편안한 배설의 시간이었다. 마이크가 한 바퀴 돌고 나니 밤이 이슥했지만 잠을 자자는 사람은 아무도 없었다.

그럴 줄 이미 짐작했는가. 방마다 윷판이 준비되어 있었다. 놀이는 내기라야 제맛이라며 지폐를 한 장씩 걸고 윷가락을 던졌다. 이 방 저 방에서 웃음소리와 탄성이 터지더니 이윽고 이마에 만 원권을 한 장씩 붙인 한 무리가 마당으로 나왔다. 이어 승자도 패자도 없이 덩 덩덕 쿵덕 세마치장단 흥겨운 춤사위로 한데 어우러졌다. 이마에 붙었던 지폐도 허공을 나르며 춤을 추었다. 그렇게 한바탕 쏟아내었다.

오늘 밤 흐뭇하게 배설했으니 내일은 아줌마의 자리로 돌아가 주어지는 세파를 묵묵히 받아들이리라. 견디어 내리라. 가는 길에 화개장터에 들른단다. '있을 건 다 있는' 그곳에서 식구들의 입맛을 헤아려 이것저것 장을 봐다가 여독을 풀 새도 없이 앞치마를 두를 것이다.

벌써 동이 트려는지 딱새가 운다. 잠깐이라도 눈을 붙여야겠다. 화장실 문을 닫으며 결 고운 비단에 '아줌마들의 숨통 돌파구'라 쓴 편액을 마음으로 건다.

신나게 놀자

내일은 현장체험학습이다. 즐겁게 놀 수 있는 장소를 몇 군데 물색해서 아이들의 의견을 물어보고 선택했다. 자주 이루어지는 행사지만 이번만은 여느 때와 다르게 나도 설렌다. 학원으로 쓰던 건물이 재개발로 머지않아 헐린다 하니 아이들과 나들이 가는 행사도 이번이 마지막이지 싶어서이다. 며칠 전부터 아이들도 들떠있다. 아무쪼록 정성을 다 보이자. 아니 보이기 위해서가 아니고 진심으로 이별의 아쉬운 정을 나누자고 다짐하고 전세버스 예약 사항을 확인한 다음 만반의 준비를 했다. 행사에 드는 경비는 학부모의 부담이지만, 간식은 내 주머닛돈으로, 그동안 다그친 일을 사과하는 마음으로 정성스레 준비했다. 캐릭터 그림이 있는 빨아먹는 음료수, 포크가 들어있는 천연색소 솜사탕, 지난번 행사 때 인기였던 소시지는 넉넉히, 놀다 보면 피곤할 테니 비타민도 하나씩, 물놀이로 소진된 에너지 보충용으로는 초콜릿, 돌아올 때 출출할 테니 커다란 빵도 사고, 차 안에서 퀴즈놀이할 때 쓸 상품은 넉넉히 마련해서 인원수대로 다시 포장했다. 그래야 차 안에서 간편하게 한 봉지씩 나누어 줄 수 있기 때문이다. 봉지마다 그동안 다그친 일들에 대한 사과의 마음을 보태고 나니 간식거리로 거실이 알록달록 꽃밭을 이루었다. 이제 종일 맛있게 먹으며 맘껏 놀게 해 줄 준비가 모두 끝났다. 그러고 나서 함빡 웃을 아이들을 떠올리자니 설레던 마음이 석별의 아쉬움으로 촉촉하게 눈물에 젖는다.

그동안 미안한 적이 한두 번이 아니었다. 가르친다기보다 성적과 투쟁했다는 표현이 더 어울릴 것이다. 출근하면서 '오늘은 칭찬만 해야지.' 다짐하고 들어가지만, 학생이라고 언제나 수업에 충실한 건 아니니 학습 능률을 올리기 위해서는 밀고 당기는 실랑이를 할 수밖에 없다. 놀고만 싶어서 제시간에 대서 오지 않고, 숙제도 안 해 오고, 거기에다 교재도 안 가져오는 아이들이 많았다. 그래도 그 정도의 상대는 겨루어 볼 만하다.

늦거나 숙제 안 한 아이는 남아서 보충 학습시키고, 안 가져온 교재는 복사물로 대신할 수 있다. 반면 수업 시간에 산만한 아이는 그야말로 강적이다. 생명의 위협을 느끼면서도 공부하게 해 달라고 외친 탈레반 치하의 제 또래 소녀 말랄라의 이야기도 해 주고, 삼포 시대를 들먹이며 실력만이 살아남을 길이라고 으름장도 놓아보지만 들을 때뿐이었다. 몇 번 주의를 시키다가 소리를 지르고 책상을 치고 하다 보면 당사자는 물론 다른 아이들까지 원망의 눈길을 보내온다. 우리가 학교 다닐 때야 선생님을 절대적 존재로 여기어 그림자도 못 밟았지만 요즘 아이들의 생각은 다르다. 동등한 인격체로서 할말 다한다. 나는 교육서비스를 하는 여리꾼이라는 태도로 대한다. 생각 없이 내뱉는 아이들의 말에 뾰족한 가시가 돋아있는가 하면 서슬진 날이 서 있기도 하다.

어떤 날은 공부하기 싫은 악동이, 시키려는 나와 실랑이를 하다가 눈물을 보일 때도 있다. 윤구병의 〈울보바보 이야기〉에 보면 눈물이 얼어붙은 마음을 녹인다고 한다. 정말이다. 아이의 맑은 눈에서 눈물이 뚝 떨어지면, 나는 그 눈물을 가슴으로 받을 수밖에 없다. 그리고는 마음으로 운다. 야속하기만 하던 마음은 녹아 없어지고 어디라도 숨고 싶은 심정이 된다.

그렇게 눈물로 차가운 머리와 따뜻한 가슴의 거리를 얼마간 좁히고 나면 몸이 쪼그라드는 것 같은 자괴감으로 하루 일과를 마친다. 학원 문을 나설 때는 이게 과연 옳은 일인가, 나 자신에게 질문을 던져 보기도 한다. 그러면서도 다음 날 점심을 먹고 나면 어김없이 출근을 서두른다. 아이들도 마찬가지이다. 목적은 다를지라도 하나의 깃발을 향해 가는 서로의 동반자이기에 언제 그런 일이 있었느냐는 듯 다시 줄다리기로 일과를 시작한다.

부모의 맞벌이로 또는 한부모가정으로, 조손가정으로 혼자 지내는 시간이 많은 아이들에게는 내가 어미의 몫을 일정 부분 대신하기도 한다. 부지불식간에 나를 엄마, 또는 할머니라고 부르는 아이들이 종종 있는 걸 보면 아이들도 나를 단순히 지식 장사로만 치부하지는 않는 것 같다. 그런 면이 성적이 향상되는 점과 더불어 줄을 당기는 에너지원이 되었다.

한쪽에 쌓아 놓은 준비물에서 아이들이 일제히 입을 모아 소리를 지르는 것 같다. '체험이고 학습이고 다 그만두고 우리 신나게 놀아요.' 하는 함성.

나 자신도 이번 체험학습만은 그럴 계획으로 짰다. 학부모에게 보내는 안내문에는 그럴듯하게 계획서를 보냈지만 체험학습 시간은 30분으로 한정하고 나머지 시간은 놀이로 채우기로 내면의 계획을 세웠다. 아이들과 공범자가 되는 것이다.

어느 수필문학단체장의 발언을 계기로 그리되었다. 1박 2일 문학세미나에서였다. 회장 인사 중에 “글은 평소 댁에서 치열하게 쓰시니까 밖에 나와서는 쉬어야 한다고 생각합니다. 강의는 유인물로 대신하게 허락해 주십시오.”라고 해서 회원들이 환호하며 박수를 보낸 일이 있었다.

그 회장님의 말처럼 아이들은 학원에서 치열하게 공부한다. 망각에 대처해야 하고 놀고 싶은 마음도 물리쳐야 한다. 듣고 외워 익히고 풀어 보고 쪽지시험 보고 또 쓰고 나면 집에 가서 숙제하고…. 더러 친구에게서 놀 수 있느냐고 문자가 와도 휴대전화가 보관함에 있으니 못 논다는 답조차 할 수 없다.

그러니 하루라도 실컷 놀아야 하지 않나. 현장에서까지 학습이라니….

폐허에 피는 꽃

출근길이었다. 습관대로 학원 앞을 지나쳐 건물을 끼고 돌았다. 얼마 전까지만 해도 겨우 차를 댈 수 있을 정도로 복잡했는데, 온기라고는 찾아볼 수 없이 을씨년스럽기만 한 골목이다. 빈 건물마다 접근을 차단하는 시뻘건 줄이 둘러쳐져 있고 벽에는 붉은 글씨로 철거 예정이라고 휘갈겨 놓았다. 몇 푼 안 되는 보상금으로는 갈 곳을 구하지 못했는지 어느 집 담벼락에는 '현시가로 보상하라! 공시지가 웬 말이냐'라는 찢어진 현수막이 공허하게 펄럭거렸다.

멀지 않은 곳에서는 벌써 철거를 시작했는지 쇳소리가 앙칼지게 들려왔다. 나도 머지않아 학원을 비워 줘야 한다. 어차피 잡초처럼 살아온 여정이지만, 정든 아이들과 이별할 생각을 하니 마음속도 서릿바람 몰아오는 늦가을 하늘이었다.

골목 입구에 진입하자 맞은편에서 한 무리 참새 떼가 날아들었다. 반사적으로 브레이크를 밟았다. 겁도 없이 한 마리가 골목 바닥에 내려앉자 잇따라 이십여 마리가 뒤를 따라 사뿐히 내려와서 둘러앉았다. 꽤 거리가 있어 자세히 볼 수는 없지만, 무엇인가 쪼아먹는 눈치였다. 한참이나 그렇게 째글째글 요란하더니 한순간에 후루루 허공으로 사라져버렸다. 그제야 사이드 브레이크를 풀어 내가 늘 주차하던 자리로 향했다.

황량한 골목에도 먹을 만한 것이 있던가. 궁금하여 참새들이 머물다간 자리로 다가가 보았다. 지난 금요일 저녁에 차를 뺄 때만 해도 밋밋했던 바닥이었는데, 이틀간 내린 비에 새 생명이 파릇파릇 올라오고 있었다. 길옆 서너 평 공터에는 떠난 사람들이 버리고 간 화분 더미에 국화, 채송화 능 화초가 쇠비름, 토끼풀 등 잡초와 뒤섞여 무성했다. 물기 하나 없는 흙먼지 속에 방동사니, 조개풀은 기를 쓰고 자라서 끈질긴 생명력을 푸르름으로 과시했다. 그 중에서도 콘크리트 깨진 틈을 따라 우부룩하게 자란 바랭이에 눈길이 머물렀다.

바랭이는 본디 바닥을 따라 기는 풀이다. 줄기 마디마다 뿌리가 나와 지면에 착 붙어 자라는 생명력 강한 풀로 여간해서 뽑히지도 않는 잡초이다.

"… 고초당초 맵다더니/ 시집보다 더 매우랴/ 논에 가면 그머리 웬수/ 밭에 가면 바랭이 웬수…."

오죽하면 바랭이가 웬수라는 노래까지 나왔을까. 시집살이가 고추당초보다 매운 원인 중의 하나가 바랭이 때문이란다.

그런 바랭이가 이파리를 너풀거리며 허공에 서 있었다. 바닥을 기지 않고 위로 자랐기에 긴가민가하여 줄기를 살펴보니 마디마다 내리다 만 뿌리가 눈에 띄었다. 제아무리 강인한 뿌리라고 해도 콘크리트 바닥을 뚫을 수는 없었나 보다. 그렇다고 포기할 수야 있는가. 기어이 살았노라고 일렬로 서서 이파리를 흔들어댄다.

콘크리트 틈새 찾아 뿌리를 내린 건 그렇다 치고 눈이 있어 '철거 예정'이라는 글귀를 읽었나, 귀가 있어 "재개발 절대 반대! 쾡 쾡 쾌갱깽!" 데모하는 소리를 들었나. 제 터전이 머잖아 굴착기 버킷에 파헤쳐질 걸 어찌 알고 시월이나 되어야 영글 씨앗을 서둘러 맺었단 말인가. 참새 떼가 한바탕 훑고 갔어도 옹골진 씨앗들이 아직 이삭마다 촘촘히 붙어 있다.

바랭이 행렬 한쪽에는 깨진 화분이 널브러져 있다. 주인이

이주하면서 내다 버리고 간 모양이다. 뿌리가 드러나 비스듬히 쓰러진 채 채송화가 노란 꽃 한 송이를 피워올렸다. 그동안 물기 없는 화분 안에서 얼마나 목이 탔을까. 이파리를 만져보니, 시커멓게 타들어 가긴 했어도 아직 꽤 물기를 저장해 놓고 있다. 씨앗 맺을 동안 누가 돌봐 주지 않아도 살아낼 수 있을 것 같다.

극한 상황 속에서도 활짝 웃는 노란 채송화 꽃송이를 마음에 담고 학원으로 들어가니 한 녀석이 방금 본 채송화 잎처럼 시들푸들해서 책상에 엎디어 있었다. 다가가 어깨에 손을 얹자 흘끗 올려다보는데 눈이 벌겋게 충혈되어 있었다.

시간표대로 수업을 시작하고 보니 마침 여러 가지 식물의 잎을 관찰하고 생김새에 따라 분류하는 내용의 문제를 풀게 되었다. 코딱지만 한 식물 사진을 보고도 아이들은 용케 잘도 풀어나갔다.

그런데 책상에 엎디어 있던 아이는 여전히 기운이 없었다. 어디 아프니? 라고 묻자 아이들이

"학교에서 울었어요. 지 친구 전학 갔다고 저도 따라간대요." 라고 대신 대답했다. 아픈 줄 알고 걱정하던 마음이 가르쳐야 한다는 본연의 이성으로 돌아왔다.

"친구 따라 강남 가냐? 헛소리하지 말고 다음 문제 큰 소리로 읽어 봐!"

아이는 내 눈치를 보며 슬그머니 책을 들더니, 갑자기 돌변하여 나보다 더 큰 소리로

"베프였단말예요!"

하고 내질렀다. 가장 친한 친구를 잃었다고 받아치더니 저도 나도 어쩔 수 없는 일이란 걸 아는지라 다시 제풀에 꺾여 더듬더듬 문제를 읽기 시작했다. 떨리는 목소리로 보아 터져 나오는 울음을 억지로 삼키는 게 분명했다.

잘살아보자는 재개발인데 도대체 누가 잘살게 되는 걸까. 어른들은 어른들대로 이주비, 보상비 대한 불만으로 데모에다 소송에 아우성이고, 아이들은 아이들대로 눈만 뜨면 어울리던 친구들과 뿔뿔이 흩어지는 이별을 감내하느라 상처를 입고 있다. 조합 측도 대표자가 물러나야 하는 아픔을 겪었단다.

문득 골목의 푸른 생명이 보고 싶었다.

"교재의 사진이 작아서 구별하기 어렵지요? 우리 실물을 보면서 특징을 관찰한 다음 문제 푸는 게 어때요?"

나는 아이들을 충동질해 차를 세워 둔 골목으로 데리고 나갔다. 우부룩한 잡초 사이에서 교재에 나온 잎들을 찾아보게 했

다. 잎의 모양이 좁은 바랭이, 잎자루 하나에 잎이 한 장인 강아지풀과 여러 장인 토끼풀도 대조하게 해 주었다. 잎 가장자리가 갈라진 국화잎은 손끝으로 비벼서 코끝에 대어주었다.

강아지풀 이삭으로 콧수염을 해 붙이고, 조물락거리며 까락의 촉감도 즐기면서 신이 난 또 한 무리의 참새 떼는 저희끼리 놀게 내버려두고, 엎드려 울던 녀석을 콘크리트 틈새에서 자라는 바랭이 쪽으로 데리고 갔다. 난관을 슬기롭게 극복하는 모습을 보여 주고 싶어서였다.

마침 바랭이 이파리 사이에 같은 색깔과 모양으로 숨어있던 방아깨비가 용케 눈에 띄었다. 낚아채서 녀석의 손에 쥐여 주었다. 방아깨비는 아이 손에서 이름처럼 까닥까닥 방아를 찧어댔다. 댓 발은 나왔던 녀석의 입술이 헤벌레 벌어졌다.

가난을 이기는 어미새

재개발 사업 준비 위원회 측으로부터 철거하라는 통지서를 받았다. 벌써 두 번째이다. 더는 버틸 수 없어 학원을 정리할 셈으로 틈날 때마다 짐을 쌌다. 이곳에 자리 잡은 지 이십 년 가까이 되는 터라 버려야 할 것이 더 많았다. 아이들의 숙제장이며 수업 시간에 손장난하다가 걸려서 압수한 장난감 총 같은 것들이 구석구석에 숨어 있다가 나왔다. 모두가 돌아오지 않는 주인을 기다리는 미아들이다. 주변을 대충 정리하고 나서 책상 서랍을 정리하다가 그동안 보내지 못하고 둔 수강료 봉투가 손에 걸렸다. 매월 학생 편에 보내던 것인데 한 아이 것만 보내지 못하고 둔 것이다.

봉투가 손에 잡히는 순간 바늘 끝 같은 여인의 고함소리가 돌개바람처럼 몰려와서 전율이 느껴졌다, "당신처럼 몰지각한 사람에게 아이를 맡겨?" 하던 그 고함소리.

아이가 들어온 지 한 달이 지나서 등록해야 할 날짜를 적어 강료 봉투를 보낸 것이 사단이었다. 다른 학원에서도 그렇게 하고 있기에 아무 생각 없이 아이 편에 보냈는데, 이를 받아들이는 그 아이의 어머니는 여느 부모와 달리 노발대발했다.

"아무리 돈 바라고 가르치는 학원이라지만 내가 가르치는 아이에게 등록금 청구서를 들려 보내? 그게 가르치는 선생이 할 짓이야?"

전화벨이 여러 번 울려서 수업 중이었지만, 급한 일인가 싶어 통화 버튼을 눌렀더니 다짜고짜 하는 첫마디 말이 그러했다. 거기에다 자동차 소음까지 더해져서 귀가 멍멍했다. 이제까지 학원을 수없이 보내봤지만 이런 경우는 처음 본다는 것이었다. 얼떨결에 몹쓸 원장이 된 나는 그녀가 따발총을 쏘다가 잠시 숨을 고르는 틈에 '죄송합니다.'라는 말만 두어 번 했다.

하지만 나는 단언컨대 그녀의 표현대로 몰상식한 일이라고는 생각하지 않는다. 교육사업도 사업이고, 규정을 어기면서 고액의 교육비를 받는 것도 아니므로 거리낌 없이 요구한 것인데 무엇이 잘못이란 말인가. 나름대로 받은 만큼은 돌려줘야 한다는 다짐으로 프로그램을 운영하며 생수 하나라도 아이들 편에서 꼼꼼히 따져 주문해 온 나에게 돌아오는 대접이 고작 이것이란 말인가. 아이 편에 수강료 청구서를 들려 보내지 않고 학원 원장이 날마다 학부모들을 찾아다니며 돈을 거두어들이란 말인가? 잘못한 것도 없이 죄송하다는 말만 거듭했지만 지금 생각해도 이해가 안 되는 엉터리 떼였다.

하지만 당한 나는 참아야 했다. 회자하는 인디언 속담에 "그 사람의 신발을 신고 1마일을 걸어보기 전에는 그 사람을 비판하지 말라."라는 말이 있지 않은가. "아이의 마음까지는 헤아리지 못했습니다. 앞으로는 그런 일이 없을 테니 용서하시고 노여움 푸시기 바랍니다."라는 죄 없는 사죄의 말로 전화를 끊기는 했지만 도무지 이해가 안 되는 막무가내의 학부모였다.

아이는 큰 덩치와는 달리 온순하여 가르치는 데 별 문제는 없었다. 학원이라는 데는 수단 방법을 가리지 않고 무작정 성적을 올려야만 한다. 그런데 더러가다 주의가 산만한 학생이 걸림돌이다. 본인은 물론 다른 학생들의 수업까지 어렵게 되고 잘못하면 다툼으로 이어지기도 한다. 이해력이 부족한 경우도 난관이다. 반복 설명에 보충지도까지 해 주지만, 쏟는 시간에 비해 효과는 만족스럽지 못하다. 다행히 아이는 두 가지 모두 해당 사항이 없는 착하디착한 아이였다.

다만 수학의 기초가 안 되어 있는 게 흠이었다. 문제를 풀려해도 산 넘어 산이니 저도 답답한지 어떤 날은 공부하다가 눈물을 질금거리기도 했다. 수학은 내가 즐기는 과목이기도 하기에 나만의 비법까지 전수하며 기꺼이 붙잡고 늘어졌다. 그렇게 서너 달이 지나고 나니 고생한 보람이 있어 진도를 따라잡기 시작했다. 꾸준히 성적을 올리는 아이가 기특하기만 했다.

아이의 성적은 좋아지지만, 수강료는 여전히 몇 달 치씩 밀려있었다. 봉투를 보낼 수 없으니 아이 어머니에게 가끔 안내 문자를 보냈다. 전화는 아예 통화도 되지 않았다.

그런데 어느 날, 아이도 외상 공부하는 상황을 눈치챘는지, 물 먹어도 되느냐고 묻는 것이었다. 혹여 내가 은연중에 밀린 수강료 내색을 한 건 아닌지 지레 발이 저려 큰 소리로 대답했다.

"당연한 걸 왜 물어? 여기 모든 건 다 너희를 위해 마련된 거야. 선생님까지도!"

나의 책상 서랍에는 아이 편에 보내야 할 청구서 봉투에 세월이 쌓여 갔고, 물도 떳떳하게 마시지 못하던 아이는 어느 날부터 아예 학원을 나오지 않았다. 얼마쯤 지나서 학원 원장 월

례회가 있었다. 그때 어느 원장한테서 들은 말이 나의 뺨을 때렸다. 아무개 새로 오지 않았느냐. 수강료를 몇 달 치나 안 내고 간 아이니 조심하라는 귀띔이었다.

나는 그제야 그 아이 어머니가 전화로 호통을 치면서 으름장을 놓은 내력을 알게 되었다. 어느날 산길을 가다 만난 어미새 한 마리. 나는 길을 갈 뿐인데 발치에 날아와 괴상한 소리로 울부짖으며 거친 날갯짓으로 적의를 표했다. 어디 다친 줄 알고 다가가니 오히려 내 발등을 공격하고는 저만치 피했다가는 다시 다가와 울부짖었다. 이윽고 나는 풀숲 허술한 둥지에서 어미 새의 먹이를 받아먹는 새끼새를 발견한다. 무슨 사연으로 하필 길가에 둥지를 틀게 되었을까. 탁란하는 뻐꾸기에게 제 둥지를 빼앗기고 쫓겨오기라도 했단 말인가. 아니면 사람이 둥지 옆으로 새 길을 낸 것일까. 나는 왜 그 앞을 고집스레 지나가야 했을까. 진즉 발견했더라면 가던 길을 돌릴 수 있었을까.

수화기에서 왕왕 대던 그 소리는 가난이라는 적에게서 새끼를 지키려는 어미새의 절규가 아니었을까. 그제야 유독 허름했던 아이의 차림새가 떠올랐다. 몇 달 만에 아빠가 오셨다며 값싼 중국산 새 학용품을 자랑하던 일도 그 위에 겹쳐진다.

그렇게 아이가 떠나고 나서 얼마 뒤에 어느 학원 앞을 지나

다가 고개를 숙이고 도망치듯 안으로 들어가는 아이를 보았다. 얼굴은 보지 못했지만, 덩치 큰 뒷모습이 영락없는 그 아이였다. 아이는 그곳에서 또 한동안 외상공부를 했을 것이다, 그녀가 수강료를 꼬박꼬박 낸다는 거짓말이 밝혀졌을 때까지.

김용순 산문집
유리 인형

인쇄 2015년 12월 18일
발행 2015년 12월 25일

지은이 김용순
발행인 서정환
펴낸곳 수필과비평사
주소 서울시 종로구 삼일대로 32길 36(익선동 30-6 운현신화타워 빌딩) 305호
전화 (02) 3675-3885, (063) 275-4000 · 0484
팩스 (063) 274-3131
이메일 sina321@hanmail.net essay321@hanmail.net
출판등록 제300-2013-133호
인쇄 · 제본 신아출판사

ISBN 979-11-5933-012-4 03810

값 13,000원

이 도서의 국립중앙도서관 출판예정도서목록(CIP)은 서지정보유통지원시스템 홈페이지(http://seoji.nl.go.kr)와 국가자료공동목록시스템(http://www.nl.go.kr/kolisnet)에서 이용하실 수 있습니다.(CIP제어번호: CIP2015035580)

Printed in KOREA

이 책은 (재)천안문화재단 2015문화예술지원금을 일부 지원받아 제작되었습니다.